BRUNO, MON FILS

Janie Maurice

BRUNO, MON FILS

UNE MÈRE ET LES MÉDECINS

en collaboration
avec Ségolène Lefébure

FRANCE LOISIRS
123, boulevard de Grenelle
75015 Paris

Édition du Club France Loisirs, Paris,
avec l'autorisation des Éditions Stock.

ISBN 2-7242-0029-2

Du mal que contient cette histoire, une partie au moins est imputable à la fatalité : une mère voit son fils de cinq ans frappé d'une maladie inexorable et nous assistons à une lutte sans merci contre la mort. Mais ce livre ne serait qu'un document poignant, s'il n'y avait autre chose. Car il est un autre mal dans ce récit et celui-là vient des hommes. C'est pourquoi ce témoignage d'une mère est aussi une accusation.

Au début, les thèmes de la maladie, de l'enfant, de la mère, dominent les souvenirs que rapporte très simplement une femme déchirée ; on y voit aussi la lutte du corps médical et de ses auxiliaires. Jusqu'ici, rien que d'habituel à ce genre de récit.

Mais bientôt, d'abord en contrepoint très discret puis s'imposant, un autre thème surgit : celui de la négligence, de l'indifférence, de la dureté des hommes poussée parfois jusqu'à la cruauté, le sadisme.

Enfermée avec son enfant dans un hôpital anonyme, Janie Maurice, qui y arrive pleine du respect que les braves gens ont en général pour les « docteurs » et les « professeurs », découvre peu à peu qu'elle est prisonnière avec son petit garçon d'un monde dur, inhumain. Elle découvre l'abîme qui sépare le monde médical du monde profane ; jamais on ne lui parle, jamais on ne la prend au sérieux. Elle s'interroge sur la finalité de cette lutte rendue inutile par les souffrances infligées à son fils sans compter. Ce témoignage qui aurait pu satisfaire nos instincts morbides, nos instincts de voyeur, nous pose alors de terribles questions. Il met en cause notre attitude passive et presque servile en face du corps médical ; il interroge médecins, infirmières, tout soignant, et les provoque : qu'ils se libèrent d'un système inacceptable toléré par les uns, déterminé par les autres. Janie Maurice en a d'ailleurs tiré les conséquences puisque avec son mari, elle a fondé en mémoire de Bruno une Association de défense des malades hospitalisés[1].

Après les livres, volontiers satisfaits, des « grands patrons », il convenait de donner la parole aux malades. Le récit de Janie Maurice ne plaira pas à tout le monde ; personne ne pourra le récuser !

SÉGOLÈNE LEFÉBURE.

1. Association dont les critiques, les propositions, l'action, les finalités sont de plus en plus partagés par les milieux médicaux.
Siège social interdépartemental : Da Viken — Les Genêts — 49140 BAUNE. Tél. : 80.23.87.

Avril 1970

Au cours d'une visite scolaire, le médecin constata une réaction anormale à la suite d'une cuti chez Bruno et l'un de ses petits frères. Il prescrivit une radio pulmonaire. Au moment de la radio, malgré son inquiétude, Bruno garda le sourire et tenta de rassurer ses frères qui hurlaient tellement que je n'entendais plus ce que disait le docteur. « Ce n'est rien ! C'est comme une photo. »

La radio était normale. On fit une prise de sang à Bruno et on me conseilla d'aller consulter mon médecin traitant.

Quelques jours plus tard, je m'adressai notre médecin. Il déclara que Bruno devait suspendre la classe et qu'il devait se reposer. Je lui fis part de la fatigue de Bruno, de son amaigrissement, de son manque d'appétit et m'inquiétai de ce qu'on lui avait fait une prise de sang. Mais il répondit qu'il n'y avait rien d'extraordinaire à cela et qu'avec un peu de repos, tout irait mieux.

Quelques mois plus tard, après le drame, un autre médecin qualifiera d' « inquiétante » cette prise de sang qui n'avait rien d' « extraordinaire » et déclarera qu'il aurait fallu faire, à cette occasion, des examens plus approfondis.

14 juin 1970

C'est la fête de fin d'année à l'école. Bruno, passionné de musique et de danse, brûlait d'impatience dans son costume multicolore. Déception : son partenaire ne voulait plus danser. Pauvre Bruno, lui qui se réjouissait d'exécuter les mouvements appris avec tant d'application. Il en avait les larmes aux yeux. Il s'appliqua jusqu'à la fin en dépit de cet imprévu, mais seul et en y mettant tout son cœur.

Son père, plein d'entrain, se porta candidat pour une course sur échasses. Son pied glissa. La fête était terminée. La première et la dernière où nous étions tous ensemble.

17 juin 1970

En se couchant, Bruno nous déclara avoir très mal aux reins. Son visage était tout crispé de douleur. Inquiète, je l'interrogeai : « Tu es peut-être tombé dans le jardin ? Essaie de te souvenir. » En effet, il avait fait une chute brutale et le bas du dos avait heurté la petite murette. Lui qui, d'habitude, ne se plaignait jamais, je ne lui connaissais pas cet air apeuré. Toute la nuit, il ressentit cette violente douleur et, le matin, il resta là sur place, tout triste.

Le médecin fit, comme nous, le rapprochement avec la chute dans le jardin et nous dit d'attendre que la douleur disparaisse. Les heures passaient et la douleur allait en s'amplifiant. Que faire ? Peut-être avait-il quelque chose de déplacé. Nous décidâmes de l'emmener consulter le masseur qui avait soigné mon mari quelques jours plus tôt. Celui-ci fut catégorique : « Le nerf sciatique est sorti de sa gaine, je vais te faire très mal mais ce ne sera pas long ; après tu pourras courir comme avant ! Tourne-toi et tiens-toi bien aux bras de ce fauteuil... »

Avec courage, Bruno se cramponna au fauteuil, bien droit malgré la douleur, sans une larme, sans une plainte, et attendit. Le masseur en fut tout surpris, marqua un temps d'arrêt comme pour s'assurer de ce qu'il voyait, puis il exerça une forte pression à l'endroit même où l'enfant souffrait. Bruno poussa un grand cri. C'était fini. « Tu n'auras plus mal. »

Bruno n'osait plus bouger ; pourtant, petit à petit, il fit quelques pas avec précaution, se hasarda à accélérer la marche et, le soir, il gambadait comme auparavant.

Huit jours après

C'était l'après-midi, il y avait beaucoup de soleil et Bruno jouait dans le jardin avec ses frères et sœur. Tout à coup, je le vis arriver dans la cuisine, tout pâle, tout contracté. Il avait les larmes aux yeux. La douleur au bas du dos était réapparue, foudroyante. « Tu as fait un effort ? » Il ne se souvenait pas mais ne voulait à aucun prix retourner voir le masseur. Et pourtant, j'insistai et le conduisis de nouveau chez le masseur. Comme je l'ai fait souffrir, et pour rien !...

Le masseur fut surpris : « C'est bizarre, le nerf sciatique s'est encore déplacé. Il faudra le masser à l'alcool pendant quelque temps. » Bruno se remit à marcher prudemment mais, cette fois, il avait toujours aussi mal. Il ne pouvait plus se mettre debout et, bientôt, il ne marcha plus du tout, plié en deux par la douleur.

J'appelai le docteur. Il lui fit manœuvrer les jambes dans tous les sens. Bruno hurlait. Nous étions affolés. Pourtant le médecin déclara : « Je ne vois rien d'anormal, mais je vais lui faire des radios. » Il n'y avait rien d'anormal à la radio. Cependant, Bruno souffrait toujours. Je le revois encore tout recroquevillé dans son lit, livide, amaigri. Les rares moments où il souffrait moins, il regardait la télé.

Les jours, les semaines passaient et Bruno souffrait de plus en plus. Le jour, la nuit. Je le retrouvais caché sous les draps en train de pleurer. Il ne mangeait plus, maigrissait, et le médecin pensait que c'était une forte crise de croissance. Nous avions entendu parler d'un chiropracteur qui obtenait des résultats étonnants. Nous avons décidé d'y conduire notre fils.

Après un long interrogatoire, ce médecin semblait très sûr de son verdict : « Cet enfant est tombé jadis sur la tête. Il est grand temps de le soigner mais je puis vous promettre de le remettre sur pied à Noël prochain. Surtout, ne consultez pas de médecin et ne lui administrez aucun médicament. »

Il fallait vraiment que nous y croyions à ce merveilleux résultat pour accepter de telles séances de manipulation. Bruno criait. J'aurais voulu l'emmener loin, que plus personne ne le fasse souffrir et, pourtant, ce mirage de la guérison me permettait de résister aux supplications de Bruno : « Oh ! non, maman, ne retournons pas chez ce monsieur ! Si tu savais comme il me fait mal ! »

La première séance eut quelques résultats. Mais les autres furent vaines.

Le chiropracteur le regardait, l'air soucieux et semblait très déçu.

Les vacances

Ces vacances prévues avec tant de joie depuis un an, les voilà arrivées. Nous avions loué une villa à Pornic, et pourtant plus personne n'y songeait. Le médecin consulté approuva notre départ, pensant que l'air marin ferait du bien à Bruno. Il persistait dans son diagnostic de crise de croissance. Mais toujours pas d'examens envisagés, ni de traitement. Il avait juste prescrit du cortancyl pour calmer les douleurs.

Pour Bruno, partir pour Pornic, c'était le bonheur. « Il me semble que j'ai moins mal... », disait-il comme pour se convaincre lui-même qu'il pourrait courir avec les autres sur la plage.

Avec le cortancyl, la douleur lui accordait quelque répit mais il se traînait du canapé à une chaise rembourrée et, le soir, nous devions le porter dans nos bras pour gagner sa chambre à l'étage au-dessus. Le temps était maussade et gris. Au moindre rayon de soleil, nous l'installions sur un matelas pneumatique sous les sapins.

Quelques jours s'étaient écoulés lorsqu'un matin, il eut quarante et un degrés de fièvre. Le médecin local appelé en urgence écouta la description de son état depuis plus de trois mois et fut visiblement étonné de la prescription de cortancyl ! « De tels médicaments ne peuvent que masquer quelque chose de grave et on ne les donne pas comme cela sans examens préalables. » Il prescrivit aussitôt des examens de laboratoire mais le labo le plus proche se trouvait à cinquante kilomètres ; il fallait donc attendre plus longtemps les résultats.

Mon mari et moi étions désespérés. Il n'était plus question de crise de croissance. Que de temps perdu ! Pourquoi avoir fait confiance à ce pédiatre ! Et si, maintenant, c'était trop tard ?

Des amis nous conseillèrent de consulter un professeur réputé d'une grande ville. Ainsi, sur place, les analyses seraient faites.

Cette fois, Bruno ressemblait à un petit enfant paralysé, ses jambes tordues et sans force étaient incapables de soutenir son corps amaigri. Pourtant, à la moindre accalmie, il faisait de jolis dessins.

Lundi 24 août 1970

Nous roulions vers la ville où consultait ce professeur qui « décelait ce que tant d'autres ne parvenaient pas à découvrir ». Que nous réservait cette consultation ? Devant nous, les passagers d'un car nous adressaient de joyeux bonjours. Bruno répondait avec enthousiasme ! Une pancarte placardée à l'arrière du car nous apprit qu'ils étaient nos voisins de domicile toute l'année et, à notre tour, nous nous sommes fait connaître par le même procédé. En temps normal, c'eût été peu de chose mais quelques minutes arrachées à la souffrance physique et morale donnaient une grande valeur à ce petit intermède. L'entendre rire encore !...

Après s'être perdus dans de nombreux sens uniques au milieu d'une circulation intense, nous sommes arrivés le cœur battant chez le professeur.

C'était un homme très direct, au visage impassible, mais dont la douceur des gestes donnait confiance. C'était la première fois qu'on examinait Bruno sans le faire souffrir. Il nous interrogea longuement sur les symptômes présents. Ce fut long, précis et serré. Nous attendions le verdict. Un examen d'urine fait immédiatement ne révéla rien. D'autres analyses furent alors envisagées. Quant au diagnostic, il se résuma en quelques paroles : « Je ne peux rien dire. Il semblerait qu'un microbe installé dans la gorge soit descendu maintenant dans l'organisme, mais il me faut des examens plus approfondis. Dans un tel état, il est impensable de ne pas avoir procédé à quelques examens de contrôle plus tôt ! Quant au cortancyl, il ne pourra que fausser la nature des résultats d'analyse. Revenez me voir à ma clinique demain matin. Dans quarante-huit heures, les examens faits, vous pourrez repartir mais il n'est pas question de laisser ce petit enfant sans sa maman. Le pavillon est prévu en ce sens. » Pour nous, il n'était pas question de laisser Bruno seul.

Nous disposions de moins de vingt-quatre heures pour nous organiser : prévoir la garde des petits frères et sœur, prévoir notre séjour en clinique. Heureusement, une fois les examens faits et le diagnostic posé, nous retournerions à Pornic prolonger notre séjour. Enfin, nous saurions comment le soigner, le soulager, le guérir ; cette pesante et angoissante incertitude serait enfin finie.

Mardi 25 août 1970

Avec toutes nos illusions, nous arrivons à l'adresse indiquée la veille par le professeur X... Déception ! En fait de clinique, il s'agissait d'un des pavillons de l'Hôtel-Dieu. Enfin, nous n'y séjournerions pas longtemps.

Dans le hall d'entrée, il fallut faire

la queue en attendant notre tour pour les formalités d'admission. Je portais Bruno à mon cou, bien emmitouflé, et je revois son chausson rouge tomber comme si c'était hier... Une hôtesse nous regarde passivement, sans le moindre sourire, sans la moindre attention, nous débattre avec nos valises pour prendre l'ascenseur. A chaque séjour, nous la retrouverons ainsi les bras croisés, ne nous adressant la parole que pour nous demander si nous nous étions bien acquittés de nos communications téléphoniques ! Heureusement qu'elle s'appelait « hôtesse d'accueil ».

Quatrième étage, clinique infantile, chambre 22. Une infirmière nous conduisit et, bientôt, le professeur vint nous rendre visite. Bruno était à jeun ; quelques instants plus tard, une infirmière vint le chercher pour une prise de sang. Comme je voulais accompagner mon fils, je les suivis dans le couloir, l'infirmière se retourna pour me lancer avec sévérité : « Il n'est pas question que vous accompagniez votre fils dans la salle d'examens. Ici, ça ne se fait pas. » Bruno jusqu'ici si courageux me lança un regard désespéré. Il était affolé et il me tendit ses bras. Mais l'infirmière l'entraîna dans la salle et la porte se referma sur lui. Je savais qu'il ne pleurerait pas, qu'il ne se débattrait pas. Il était bien trop raisonnable et courageux pour cela... Hélas ! — maintenant je peux le dire — pourquoi n'ai-je pas insisté davantage pour le suivre ? Je pensais que cela durerait quelques minutes et qu'ensuite, je serais là pour le consoler. Hélas ! c'était le commencement d'un dur apprentissage : ici, il faudrait rompre avec tout ce qui est la vie courante, la vie normale... il faudrait se plier à tout... Tout était désespérément changé... Il n'y aurait plus de place pour la discrétion, la douceur, la compréhension, l'attention. Ici, plus question de discerner le chagrin, la douleur, du caprice ou de quelque colère... Où étions-nous tombés ?... Etait-ce dans de telles conditions que nous allions trouver espoir et réconfort ?...

Dans le long couloir sombre, je guettais le retour de Bruno. Bientôt, il revint aux côtés de la même infirmière. Il avait réussi à lui mettre un sourire aux lèvres. Ce sourire qui me fit tant de bien, qui me rassura. « Il a été si mignon... »

Maintenant, il fallait attendre le résultat de cette prise de sang. Que c'était long. Toute la journée, encore plus la nuit. Cependant, les heures s'écoulèrent rapidement. C'était à n'y rien comprendre. Bruno pouvait marcher normalement et se tenir droit. Depuis deux mois que nous attendions ce moment où il ne souffrirait plus, voilà qu'aujourd'hui, nous vivions ce jour tant attendu. « Regarde, maman, je peux même faire de l'acrobatie », et il grimpait allégrement sur le lit blanc. Seuls, son visage et son corps amaigris rappelaient pourquoi nous étions enfermés dans cette chambre d'hôpital.

Durant cette journée, nous continuâmes à nous bercer de rêves : nous retournerions à Pornic et cette fois, Bruno pourrait marcher, courir, sauter dans le sable, dans l'eau, escalader les roches et nous, oublier notre grande peur.

La nuit fut plus longue. Je voulais à la fois savoir de quelle maladie il était atteint, et reculer l'instant où on me le dirait.

Mercredi 26 août 1970

A l'heure de la visite, notre chambre fut brutalement envahie d'une quinzaine de « blouses blanches », rassemblées autour du professeur... J'étais inquiète. Qu'allait-on m'annoncer ? Je fus rapidement mise au courant : vitesse de sédimentation anormalement élevée et un souffle au cœur provoqué par des souffrances trop prolongées.

Il fallait savoir le pourquoi de cette vitesse de sédimentation accélérée et une ponction de moelle osseuse fut envisagée. « C'est un examen douloureux pratiqué dans la hanche, mais si vous vous sentez suffisamment de force pour supporter le choc, vous pourrez rester avec votre enfant. »

Certes, je savais que je serais ébranlée devant la souffrance de Bruno, mais le plus à plaindre de nous deux était encore lui, et ma présence était le seul secours dont je disposais. Je restai. Afin de ne pas gêner l'interne, je me réfugiai auprès de mon lit et me cramponnai de toutes mes forces aux montants métalliques en refoulant mes larmes. « Chéri, n'aie pas peur. Ce ne sera pas long ; maman est là tout près. » Bruno sur son lit, si petit auprès de ces blouses blanches, ne me quittait pas des yeux, essayant d'y puiser un maximum de force, de courage. Il ne pleurait toujours pas, mais son visage était tout décomposé, livide. La longue et large aiguille, impressionnante, pénétra dans l'os de la hanche pour ressortir quelques secondes plus tard. C'était terminé. Il n'avait rien dit, même pas bougé. Les « blouses blanches » étaient surprises et émerveillées.

Encore un résultat à attendre. Mon mari avait été obligé de nous quitter pour s'occuper des petits frères et sœur. Heureusement, nous avions le téléphone. Comme nous avions le cœur serré de le regarder partir sur la route !

Jeudi 27 août 1970

En ce jour, notre enfant fut condamné à mort.

Le professeur vint comme d'ordinaire dans notre chambre entouré de son équipe et déclara : « Maintenant, nous avons la certitude de notre diagnostic... Il est loin d'être bon... Si vous voulez bien me suivre, je vous expliquerai. » Ces propos me glacèrent jusqu'aux os. Bruno impressionné par le silence de plomb qui régnait se mit à pleurer doucement, scrutant chaque visage. « Chéri, maman revient tout de suite, mais le professeur veut m'expliquer quelque chose », et la porte se referma derrière moi. En suivant le professeur dans le couloir, si j'appréhendais quelque découverte écrasante, je ne m'attendais pas à la réalité.

Brusquement, dans ce couloir sombre au milieu de toutes ces « blouses blanches », face au professeur appuyé sur le meuble roulant qui transporte les dossiers des malades, j'attendais la sentence comme une accusée... Le professeur, les yeux rivés sur ses papiers, dans un silence étouffant, me dit :

« Votre mari n'est pas là ?

— Non.

— Il faut l'appeler. Qu'il vienne tout de suite. Je lui expliquerai à lui aussi. Madame, c'est très grave... Votre enfant est atteint de leucose... Oui, c'est une forme de leucémie au niveau de la moelle osseuse. Si vous acceptez, nous lui appliquerons le seul traitement dont nous disposons à l'heure actuelle contre cette maladie ; mais je ne vous cache pas que ce traitement est à double tranchant : il détruit les cellules leucémiques, mais présente par ailleurs une grande toxicité, et, sur le plan cardiaque, les risques sont grands. Avec ce traitement, nous ne pouvons pas parler de guérison définitive mais de rémission. Nous avons actuellement un enfant, que nous soignons depuis trois ans, qui revient nous voir périodiquement. Si vous acceptez, nous commencerons de toute urgence ledit traitement mais je ne peux rien dire quant aux résultats. Plus de quatre mois sans soins c'est long... »

Non, ce n'était pas possible. Il aurait pu s'agir de toute autre maladie. Le pire. Que d'espoirs anéantis d'un seul coup. Le « prolonger », mais pour combien de temps ?... Quelques jours, quelques semaines, quelques années ?

Je dus m'appuyer au mur pour ne pas chanceler. Je demeurais muette, incapable du moindre geste. Je ne pouvais ni pleurer, ni crier, ni marcher. J'étais comme étrangère à moi-même et les larmes roulaient sur mes joues, mais tout se déroulait en dehors de moi. Très vite pourtant, je me ressaisis. J'essayai alors de me composer un visage capable de rassurer mon tout petit bonhomme, qui m'attendait là sur son lit. Non, il ne fallait pas que je pleure, que je sois effondrée, que je tombe malade. Il avait tant besoin de moi ! Rire, rire avec lui, oui je voulais rire, le sauver. Nous serions forts !

Alors, j'ouvris la porte de cette chambre 22. Comme toujours, son sourire m'accueillit, ses yeux scrutant les miens... « Alors, maman ? » Et je répondis avec un grand calme : « Le professeur a enfin découvert les méchants microbes qui te font tant souffrir ; il va falloir les détruire à l'aide de médicaments mais bientôt, tu ne souffriras plus. Nous retournerons au bord de la mer et nous pourrons jouer. » Ces paroles, j'aurais voulu les hurler tellement j'avais mal. Bruno m'écoutait intensément et son visage se détendait, s'illuminait. Non, ce n'était pas possible. Il n'allait pas mourir, il guérirait.

J'avais aussitôt téléphoné à mon mari pour lui dire de venir. Je lui avais caché le véritable drame. Les kilomètres parcourus dans l'attente d'explications et l'inquiétude seraient suffisamment durs.

Quelques heures plus tard, la porte s'ouvrit et il entra. Bruno l'accueillit comme toujours avec ses bras tendus. Il fallut prétexter une formalité administrative pour quitter la chambre tous les deux. Dans le long couloir, nous marchions côte à côte en silence. Il me regardait, n'osant pas me questionner. Moi, je me demandais si je devais vraiment lui imposer le même choc que j'avais reçu quelques heures plus tôt. Le professeur qui guettait sa venue reprit pourtant ses explications. Daniel semblait en proie aux mêmes réactions que moi et ses larmes coulaient abondamment en silence. La réalité était là, impitoyable, impossible à modifier. Sans soins, la mort était certaine. Le seul traitement possible pouvait également tuer mais réservait une chance de prolongation plus ou moins longue. A nous de choisir. Pourtant, la moindre chance était à saisir, et nous avions l'assurance de voir ses souffrances, supportées depuis si longtemps, cesser. Nous n'avions pas le choix. Vite, nous retournâmes auprès de Bruno. Ce n'était pas le moment de céder à l'abattement. Il fallait vivre — vivre à plein temps toutes ces minutes avec lui. Chacune d'elles pouvait être la dernière. Désormais, nous le savions.

Le même jour, nous prévenions la famille.

Bruno, très fatigué, ne souffrait plus. Il avait même retrouvé son sommeil perdu depuis des mois. Aussi, ces apparences merveilleuses lui apportaient le réconfort pendant que nous devions porter notre terrifiant secret.

Mon mari dut repartir pour prévoir et organiser la garde des autres enfants. Désormais, nous restions tous les deux, Bruno et moi, et il me faudrait jouer mon rôle de double personnage vingt-quatre heures sur vingt-quatre sans jamais me trahir, sans jamais flancher : la nuit durant son sommeil pour pleurer, le jour pour rire ! Parer les coups.

Première journée, première nuit, premier matin d'une autre vie. Premier réveil au tintement des seringues sur le plateau métallique. Bruno dormait pourtant si bien. Aucune larme, aucune plainte ; un grand sourire à l'infirmière venue faire les prises de sang. Je savais que Bruno lutterait de toutes ses forces. Pour détruire ces microbes, il aurait accepté n'importe quoi. Il obéirait avec confiance à toutes ces « blouses blanches » qui étaient à ses yeux ses alliés contre la maladie !

Avant d'entamer le traitement qui nécessitait de nous isoler en chambre stérile, plusieurs membres de la famille vinrent nous rendre visite et Bruno reçut un énorme ballon qui le fit sauter de joie sur son lit. Désormais, ce compagnon de souffrance ne le quittera plus durant ses séjours à l'hôpital. « Regardez, je suis bien mieux ! Je marche, je saute, je grimpe tout seul sur mon lit ! » Et il riait. Il était heureux, heureux de pouvoir rassurer tout son monde. Derrière nos rires qui sonnaient faux, nous avions le cœur déchiré, et quand nos larmes menaçaient de nous trahir, il y avait le coin toilette avec son rideau secourable !

Le fait d'être isolés en chambre stérile était dur à supporter. Bien sûr, il fallait à tout prix éviter les risques de contamination puisque le traitement mettait Bruno en état de moindre résistance. Mais nous allions être coupés du monde extérieur. Son père lui-même n'aura plus le droit de venir le voir. Pas de visite d'amis. Et le courrier à déconseiller. Heureusement, le téléphone était là. Je ne pensais pas, alors, que tout pouvait être remis en cause par la surveillante de service. En effet, celle-ci entra brutalement dans la chambre et me lança avec une vive pointe de colère et de supériorité : « Madame, ici, ce n'est pas l'habitude de demeurer avec son enfant malade ! Vous ne pourrez sans doute pas rester. » Puis elle sortit en claquant la porte. Ces paroles firent l'effet d'un coup de masse sur Bruno.

Moi qui faisais tant pour qu'il garde bon moral. Très vite, je tentai de le rassurer : « Ne crains rien. Maman ne te quittera certainement pas. Le professeur est là. Il désire que je reste auprès de toi et c'est lui qui commande. » Dès que j'en eus l'occasion, je fis part de mon désarroi au professeur X... Celui-ci, heureusement, me rassura : « Quand je dis quelque chose, je n'y reviens pas. Même durant mon absence, personne ne peut vous contraindre à quitter votre enfant. Ici, c'est moi qui commande. »

J'étais certes rassurée, Bruno aussi, mais je pressentis que je venais de me faire une ennemie.

Vendredi 28 août 1970

Le traitement commença. Il allait être administré par voie intraveineuse. Une perfusion fut d'abord installée, puis les deux liquides différents injectés dans la tubulure. Je le savais, j'étais prévenue, Bruno pouvait mourir sur-le-champ, mais nous avions choisi.

Avec intérêt, Bruno suivait tous les faits et gestes de son entourage silencieux. Les yeux des internes fixaient les siens au fur et à mesure de la pénétration du liquide dans ses veines. De temps à autre, Bruno nous souriait, il était très calme, ignorant que sa vie dépendait de ce fil. Mon cœur battait à se rompre. J'essayais de rester aussi calme que lui et je lui souriais aussi. Que c'était long. Le liquide devait pénétrer le plus lentement possible pour éviter un choc qui pouvait être fatal. Ça y est. C'est fini, le liquide chemine maintenant dans son organisme. Durant quelques minutes, on lui laissa la perfusion de sérum, afin d'avoir une veine immédiatement au cas où cela n'irait pas. Pendant vingt-quatre heures, il fallait surveiller son cœur. Prises de tension artérielle très fréquentes au début puis, au fur et à mesure que le temps passait, le danger s'éloignait et j'avais envie de sauter de joie, de l'embrasser, de le serrer fort dans mes bras et pourtant, tout cela m'était interdit. Je n'étais pas malade mais je devais suivre rigoureusement toutes les recommandations : « Mieux vaut vous tenir éloignée de lui. » Ce fut pénible. Mais je ne devais négliger aucune chance.

Après les injections, on lui fit une transfusion de sang pour lui redonner des forces. A part de nombreuses nausées, Bruno semblait bien supporter le traitement. Il n'y eut aucune difficulté pour atteindre ses veines.

La journée avait été dure et, en fin d'après-midi, Bruno s'endormit. Comme c'était doux et apaisant de le voir enfin reposer. Je guettais son souffle. Soudain, vers dix-neuf heures j'eus envie de crier, de pleurer. J'aurais voulu entendre du bruit, ne plus être là, seule, entre ces quatre murs, avec mon enfant...

Le lendemain matin, au réveil, Bruno ouvrit les yeux, me sourit. C'était dur. Pour la première fois, nous ne pouvions pas nous embrasser. Pourtant, par la suite, certains événements me prouveront que cette précaution s'avérait des plus inutiles. Maintenant, il ne me reste que le regret amer d'avoir cessé de l'embrasser et le serrer dans mes bras.

La transfusion terminée, nous inventions de belles histoires. Comme il les aimait ! De la poésie, du rêve. Un monde où il fait bon se réfugier. Bruno était très fatigué et, pour la première fois depuis quatre mois, il avait faim. C'était inespéré. J'aurais aimé lui apporter quelques petits plats légers. Hélas ! rien de tout cela à l'hôpital. Il faut avoir très faim pour manger le rata réchauffé et refroidi, mal présenté. Pourtant, cette fois, ce sera la seule, le professeur X... passant par là fit remplacer le menu par un autre, moins copieux, mais plus attirant.

Par téléphone, nous avions rassuré Daniel qui, tout seul et loin de nous, se faisait un sang d'encre. Les petits frères et la petite sœur étaient dispersés dans la famille.

Le soir, très fatigué, Bruno s'endormit paisiblement. Le week-end nous permit de reprendre haleine : deux jours sans seringues ni aiguilles. Quelle aubaine !

Lundi 31 août 1970

De nouveau, prise de sang de contrôle. Moment désagréable, mais vite passé grâce à cette infirmière si gentille, qui alliait compétence et énergie. Elle travaillait depuis huit ans dans ce service de petits enfants, et elle savait combien l'attente d'un examen peut être angoissante à cet âge. Elle appréciait le courage et la gentillesse de Bruno. Aussi, préférait-elle lui faire les examens elle-même, quitte à le réveiller un peu plus tôt. Un jour, elle me dira : « Dans notre profession, il faut être très sûr de soi, très ferme, mais il y a toujours la possibilité de donner confiance au malade : un mot, un sourire. Nous autres infirmières, ne devons pas confondre fermeté et dureté. »

Malheureusement, cette excellente infirmière quittera son poste en cours d'année et me confiera : « Finalement, je suis contente de partir d'ici ; j'ai tellement vu de choses écœurantes : à la longue, c'est invivable. »

La perspective de ce départ nous emplira de tristesse. Chaque soir, elle venait nous voir quelques instants. Elle trouvait Bruno « mignon à croquer ! » « Je t'emmènerais bien chez moi et je serais fière d'avoir un aussi gentil petit garçon, tu veux bien ? » Et tous les trois, nous partions d'un grand éclat de rire.

De jour en jour, Bruno allait mieux. Son moral était excellent et il gardait toujours le même courage face aux examens douloureux. Il parvenait à se soulever, à remuer ses jambes sans douleur. Puis il arriva à se tenir tout seul assis. C'était une seconde naissance.

2 septembre 1970

Tandis que huit jours plus tôt, son état était alarmant, aujourd'hui, le professeur X... manifestait sa satisfaction : « Un si bon résultat en si peu de temps chez un malade pas soigné depuis quatre mois, c'est très encourageant. » Puis, il me cita plusieurs cas d'enfants atteints de la même maladie qui revenaient seulement périodiquement pour des traitements mais qui se portaient normalement par ailleurs. Plus le temps de rémission serait long, plus les chercheurs verraient augmenter leur chance de découvrir des traitements plus efficaces ! Un immense espoir m'envahit.

On lui fit une seconde ponction de moelle. Celle-ci démontra le bon résultat de ce premier traitement. Les cellules leucémiques avaient considérablement diminué. Pour un premier traitement, c'était une réussite. Mais il fallait continuer pour chasser complètement les cellules malades. Ce ne fut malheureusement pas le même interne qui pratiqua l'examen. La ponction fut faite au sternum, ce qui, à mon avis, d'ailleurs partagé par les praticiens, est beaucoup plus impressionnant et douloureux chez un jeune enfant.

7 septembre 1970

Le second traitement commença avec les mêmes soins et fut suivi avec les mêmes précautions. Nous osions tous espérer de meilleurs résultats. Toujours les mêmes symptômes : nausées, transpiration anormalement abondante et d'immenses cernes autour des yeux. Cependant, d'après un électrocardiogramme, son cœur résistait mieux que la fois précédente.

14 septembre 1970

Nouvelle ponction de moelle osseuse. Après la pénible expérience de la dernière fois, j'obtins qu'on la lui fasse à la hanche. Pourquoi l'effrayer et le faire souffrir davantage quand on pouvait procéder autrement ?

Dans les chambres voisines, nous entendions les autres petits malades hurler. La seule vue du plateau de seringues les terrorisait. Bruno, lui, serrait les dents, devenait encore plus pâle, se tournait vers moi, son unique secours, mais jamais une larme, jamais une plainte.

Le résultat de la ponction montrait que les cellules leucémiques avaient régressé mais il fallait faire un troisième traitement.

15 septembre 1970

Troisième traitement. Mêmes souffrances, même angoisse. Même attente longue et pesante.

A l'électrocardiogramme, les troubles cardiaques étaient très atténués.

17 septembre 1970

Une de ces rares journées sans soins, sans examens, sans qu'il se passe rien d'alarmant. Bruno avait de l'appétit. Il reprenait même du poids. Il avait même grand faim, mais il fallut le rationner, le mettre au régime sans sel, le priver des mets les plus attirants. Décidément, il fallait payer très cher la moindre joie. Si seulement son père avait pu le voir : il était en pleine forme. En moins d'un mois de soins, il était redevenu le petit garçon robuste, plein de dynamisme et de gaieté.

La première fois qu'il mit ses forces à l'épreuve, ce fut pour me réserver une surprise. Il était arrivé à se cacher sous son lit. Nous jouions à cache-cache avec le rideau des toilettes. Que c'était bon de l'entendre rire aux éclats ! Jamais il ne restait inactif. Que de jolis dessins pour décorer sa chambre, dédiés à tous ceux qu'il aimait — médecins et infirmières compris — des assemblages de cartons, des découpages posés sur de la toile de jute. Il avait une imagination débordante. Il aurait bien aimé jouer avec son gros ballon mais il avait toujours peur de gêner les autres enfants malades : « Faut pas qu'il rebondisse. Il y a des petits enfants qui ont mal. »

« Maman, regarde : je me mets près de la porte et tu comptes jusqu'à trois. » Les yeux pétillants à l'idée de ce qu'il allait me démontrer, je le vis concentrer toutes ses forces avant de bondir comme une flèche. Mais avant que j'aie eu le temps de réaliser, il vint s'écraser lourdement à mes pieds. Ses jambes avaient refusé d'obéir. Bruno était très déçu. Moi j'eus très peur. Il avait une grosse bosse sur le front. L'infirmière me rassura : « Après une telle chute, pas d'hémorragie, on peut être rassuré. » « Ne te tourmente pas, mon chou, bientôt, tu pourras encore courir. »

21 septembre 1970

Examens sanguins. Ponction de moelle. La victoire est là. Plus de mauvaises cellules. Nous pouvons partir demain. Quelle joie. Pourtant, en moi-même, je suis inquiète. Ici, à l'hôpital, Bruno est surveillé sans arrêt. Chez nous, à la maison, à moins de quelque chose de très grave, comment arriverons-nous à discerner ce qui ne va pas ? J'en arrivais presque à redouter ce que nous attendions depuis si longtemps. Malgré cela, les valises furent bouclées en un tour de main.

22 septembre 1970

Cela faisait longtemps que nous l'attendions, ce jour où nous retournerions à la maison. Nous suivions Daniel par la pensée sur la route et, souvent, Bruno demandait : « Où il est papa maintenant ? » « Et à présent ? » Après quelques heures d'une impatience difficile à maîtriser, la porte s'ouvrit tout doucement pour laisser apparaître dans l'entrebâillement un Daniel aux traits tendus, qui veillait à se glisser dans la chambre avec le moins de bruit possible, comme au soir de ce jour où il l'avait quittée dans un état désespéré. Vingt-huit jours s'étaient écoulés et, aujourd'hui, Bruno, caché derrière la porte, sauta à son cou selon sa fidèle habitude.

D'un seul coup, nous étions revenus au temps de notre douce quiétude. Daniel s'exclamait : « Comme tu as grandi, tu as pris des forces. Tu as une mine... splendide ! Et quel dynanisme ! » Le soleil lui aussi était de la fête.

Enfin, nous sommes partis avec quelques consignes : « Eviter tout risque de contagion », et quelques médicaments. C'était tout.

Huit jours, huit jours seulement. C'est vite passé, mais on les attendait depuis si longtemps.

Première permission

Enfin dehors. A l'air libre. Les portes du pavillon s'étaient refermées derrière nous comme pour empêcher le mauvais souvenir de nous poursuivre. Son énorme ballon entre ses bras, Bruno était radieux. On eut bien du mal à caser le ballon dans la voiture et notre installation faisait penser à quelque famille revenant de vacances !...

C'était merveilleux de revoir des arbres, des animaux, des maisons.

Nous étions chez nous. Après deux mois d'absence.

Premier repas en famille. Il y avait tellement longtemps que son père ne l'avait pas vu manger avec appétit à table. Pour ces huit jours, les triplés étaient restés chez des parents.

Nous avions retrouvé nos habitudes, notre cadre familier. Il faisait un temps d'été et le jardin était en fleurs. Demain, nous irions nous promener « dans les arbres », expression de Bruno pour désigner la campagne. En attendant, Daniel avait réservé une belle surprise à Bruno : un très joli petit vélo blanc. Il explosa de joie : « Quand les petits frères et sœur seront revenus, ce que nous nous amuserons bien. »

Dimanche 23 septembre 1970

Quelle quiétude. Comme prévu, nous allâmes à la campagne. Ses jambes n'étaient pas encore bien solides et il avait des difficultés à monter les escaliers mais, dans les champs, il gambadait en poursuivant les sauterelles. J'avais peur qu'il ne se fatigue trop ; pourtant, aucune douleur ne réapparut, et son rire se répercutait à travers les taillis et les bois qui étaient en fête, en fête pour sa sortie !

Ainsi, les journées merveilleuses se succédaient quand, un matin, je découvris des points blancs au fond de sa gorge. Inquiète, j'appelai un pédiatre. Heureusement ce n'était rien : simple réaction aux antibiotiques. Le médecin me mit en garde contre la contagion, surtout contre la varicelle : « Si vous la décelez un jour, n'hésitez pas à me joindre tout de suite, il faudra aussitôt entamer un traitement. »

Bruno était rassuré.

Hélas, nous avions à peine goûté à la liberté qu'il fallait songer à l'hôpital.

1er octobre 1970

Mon mari et moi regardions Bruno dormir. Il respirait si paisiblement. Doucement, le cœur déchiré, nous l'avons réveillé.

Pas de petit déjeuner : rappel douloureux des examens, des traitements.

Nous nous retrouvions dans le même ascenseur, déjà témoin de nos peines et de nos joies, Bruno toujours avec son énorme ballon.

Le grand couloir sombre, des « blouses blanches » qui entraient et sortaient des chambres, le bruit des plateaux, les pleurs, les cris des enfants, l'odeur indéfinissable : mélange d'éther, d'aspirine, d'eau de Javel, les hurlements de l'enfant qu'on arrache des bras de sa mère. Tout cela, c'est l'hôpital. Et puis, il y a l'inconnu.

Cette fois, nous ne pourrions même pas nous précipiter à la fenêtre pour tenter d'apercevoir un monde libre. La fenêtre trop haute ne permettait d'apercevoir que les derniers étages rébarbatifs de l'Hôtel-Dieu. En entrant dans cette chambre, j'eus l'impression de pénétrer dans une cellule austère et froide. Pas de soleil, pas de panneau de décoration permettant aux enfants de mettre une note de gaieté. « Il faut veiller au moral de cet enfant », nous avait recommandé le professeur X... Mais devrais-je être seule à m'en occuper ? Le bruit du chariot nous annonça la visite. Dans cette chambre triste, mon cœur battait fort.

Chacun, médecins, infirmières, étaient très satisfaits de le retrouver en si bonne forme. Mais il fallait reprendre les examens sans perdre de temps : prise de sang, ponction de moelle, etc.

En fin de matinée, tout était fini.

Nous en profitâmes alors pour transformer la cellule en chambre attrayante avec des découpages. Bientôt, une ribambelle de clowns étaient suspendus les uns aux autres au plafond ; un gros champignon servait de maison à une petite souris ; toute une faune sous-marine évoluait dans la chambre.

Autre découverte importante : en se hissant sur une chaise et en se collant le visage dans le coin de la fenêtre, on pouvait apercevoir l'hélicoptère sur sa plate-forme d'atterrissage, qui amenait les urgences. Bruno apprenait à se contenter de peu.

Comme il adorait la musique, que sa maladie avait interrompu ses leçons de piano, nous lui avions apporté un accordéon. Bruno consacrait des heures entières à chercher les notes des airs qu'il retenait si facilement, puis il prenait une feuille blanche, traçait des portées, puis inscrivait les notes trouvées à l'aide de l'accordéon, constituant une véritable partition facilement déchiffrable pour lui. C'était alors la joie de pouvoir annoncer par téléphone à son père : « Lorsque tu viendras, tu écouteras. »

Après ces huit jours passés à la maisons sans soins, les résultats étaient très bons. Aucune mauvaise cellule, les globules s'étaient même reproduits dans une moelle pourtant bien appauvrie par le traitement. Aux dires du professeur X... : « C'est un grand succès, une véritable victoire sur le mal. Comme je vous l'ai dit, je vous tiendrai rigoureusement au courant de l'état de votre fils, même si les résultats devaient être mauvais. »

C'était plus dur mais je le préférais ainsi.

En dehors des jours d'analyse ou de traitement, nous menions une existence sans autre problème que celui de ne pas être à la maison. Bruno n'était jamais au lit et, compte tenu des résultats, nous étions assurés de pouvoir sortir rapidement.

5 octobre 1970

Quatrième traitement. Toujours la même attente et la même angoisse. Cette fois-ci cependant, son cœur supporte mieux le traitement.

6 octobre 1970 : Saint-Bruno

Triste fête en vérité. Isolés comme nous l'étions en chambre stérile, je n'avais rien à offrir à Bruno. Je ne pouvais même pas l'embrasser, le serrer très fort contre moi. Il était sans traitement. J'aurais tant voulu qu'il reçoive des cadeaux, des cartes postales, du courrier. Qu'il ait plein de surprises, lui qui aimait tant en faire aux autres.

8 octobre 1970

C'est la fête. Tout va pour le mieux et nous pouvons partir douze jours cette fois-ci au lieu de huit.

Un coup de téléphone à Daniel pour lui annoncer la bonne nouvelle et nous faisons les valises avec la même frénésie que lors d'un départ en vacances. Quelques heures d'une joyeuse impatience et nous sommes prêts aux côtés d'un père non moins radieux. Une fois encore, les lourdes portes de l'hôpital, sorte d'écluse entre la liberté et la contrainte, se refermaient derrière nous. Mais nous étions dehors, libres pour douze jours.

Bruno battait des mains en riant : « On se croirait en vacances. » Quelle flamme dans ses grands yeux pareils à des feux de joie. Là-bas sur le bord de la route, la petite chèvre broutant paisiblement comme au jour de notre départ pour l'hôpital. Elle n'avait pas changé de place. Rien n'avait changé. Comme si le temps s'était arrêté pour ne reprendre sa course qu'avec Bruno.

Pourtant, dès le lendemain, nouvelle inquiétude. Bruno souffrait d'une rhinopharyngite. Pourvu que cet incident plutôt banal chez un enfant bien portant n'ait pas de répercussions sur son état. De nouveau, Bruno n'avait plus d'appétit, et les inquiétantes nausées du début réapparaissaient. Etait-ce déjà une rechute ? Nous avions tout fait, son père et moi, pour l'arracher à ce drame. Heureusement, il se rétablit assez vite. Jamais il n'avait aussi bien réagi. Le pédiatre aimait beaucoup Bruno et, surtout, il aimait discuter avec lui. « Il parle si bien à cinq ans. » « Allez, ne te tourmente pas, ton ventre va diminuer progressivement en réduisant certains médicaments et tu resteras un très joli petit garçon. »

20 octobre 1970

C'est déjà le retour à l'hôpital. Nous ne faisions plus partie du monde des bien portants qui peuvent tout se permettre, accepter ou refuser, pour qui le choix est toujours possible. Bruno savait pourtant ce qui l'attendait mais jamais une larme. Pour lui aussi, l'espoir était grand. Je le revois encore préparer ses affaires dans le grand sac blanc... Nous étions encore devant ce pavillon hospitalier. En sortirait-il vivant ? Peut-être ferions-nous mieux de partir, de fuir. D'un côté, c'était le lot grandissant de souffrances insoutenables et de l'autre, une mort certaine. Toutes ces réflexions se bousculaient dans ma tête tandis que nous parcourions de nouveau le sombre couloir, les « blouses blanches », le bruit du matériel sur les plateaux, les pleurs des enfants ; tout le brouhaha habituel et, pourtant, une sorte de silence, un silence étouffant.

Comme la fois précédente, nous étions dans la chambre-cellule. Par contre, de l'autre côté du couloir, du côté de notre ancienne chambre, plus personne n'apprécierait le spectacle de la grue alimentant les péniches sur le fleuve, plus personne ne profiterait du soleil : les stores lui interdisent toute incursion. De très jeunes bébés occupent les lieux. Dans la répartition des chambres, on ne peut pas dire qu'on tienne tellement compte du moral des petits malades.

Comme si cela pouvait écourter notre séjour, nous nous installons avec hâte. La chambre n'avait pas été faite, et la fenêtre soigneusement fermée conservait microbes et odeur du malade précédent. De la poussière, des moutons de saleté dans tous les coins et le matériel hygiénique encore souillé. Où étaient les recommandations ? Dans quel milieu risquait-il le plus d'être contaminé ?

Vraiment, je me demande encore comment nous avons pu ainsi tout supporter, sans que notre confiance soit détournée, avant qu'il ne soit trop tard.

La porte s'ouvrit et l'interne apparut avec tout le matériel pour la ponction de moelle. Ça y est, tout recommence. Désormais, nous étions censés être tranquilles pendant deux jours en attendant les résultats.

Pourtant, il fallut bien vite abandonner cette perspective : « Il serait bon d'effectuer un contrôle permettant de voir si le liquide céphalo-rachidien ne contient pas de cellules leucémiques. »

Dans le couloir, je voulus avoir plus d'explications de l'interne-chef : « Nous avons eu de très gros ennuis avec une petite fille soignée pour la même maladie que votre fils, pour ne pas avoir décelé assez vite la présence de cellules malignes dans le liquide céphalo-rachidien et, depuis, nous veillons attentivement à ne pas laisser ces cellules envahir le cerveau sans les combattre. » Devant une telle explication, que faire sinon se résigner une fois de plus. Je n'avais même pas le recours de lui refuser quelques souffrances, j'étais donc complice de tout le mal qu'on lui faisait.

Cette fois, je ne savais plus quoi lui dire. La ponction lombaire serait pratiquée juste à l'endroit où se situaient ses douleurs les plus vives. Je ne voulais pas qu'il soit surpris, lui si étroitement lié à la lutte contre sa maladie. Il avait le droit de savoir. Je me mis en devoir de lui expliquer que ce serait une piqûre spéciale faite dans la colonne vertébrale : « Tu arrondiras bien ton dos par dessus l'oreiller posé sur tes genoux. Tu verras, ça ira très vite. Il ne faudra pas que tu bouges brusquement, sinon tu auras beaucoup plus mal. » Il était assis sur son lit, m'écoutant attentivement, cherchant à masquer son émotion. C'était affreux. A chaque fois, on exigeait plus de lui. Sa seule plainte fut cette exclamation lorsqu'il aperçut la longue aiguille sur le plateau : « Oh ! maman, une piqûre avec une si longue aiguille ! »

Son visage était tout décomposé de frayeur et d'effort pour ne pas pleurer. Les « blouses blanches » étaient venues à trois. Par habitude : « Les enfants se débattent tellement ! »

Bruno cherchait du courage au fond de mes yeux. Et cette fois, il ne pouvait pas me regarder. La position même le lui interdisait. Quelques minutes après, il se retrouva allongé sur son lit : « Tu vois, maman, c'est fini. » Et il me regardait avec son merveilleux sourire. Quelqu'un n'ayant pas assisté à la scène ne pouvait se douter de rien. Je me sentais toute petite à côté de lui. Mon grand fils. Après la ponction lombaire, Bruno dut rester allongé complètement à plat pendant au moins trois heures, ceci pour éviter les maux de tête.

« Maman, est-ce que j'en aurai d'autres ponctions ? » Je ne savais quoi lui répondre mais c'en était trop, je ne pouvais le laisser dans l'incertitude et, comme pour mieux m'en convaincre moi-même, je répondis : « Une seule suffira certainement, mon chéri. »

Le soir, Bruno s'endormit difficilement. Il était anxieux.

Le lendemain matin, les heures s'égrenaient lentement. J'attendais le résultat et je n'osais rien demander, pourtant je voulais savoir. A la fin de la matinée, une blouse blanche, sans hâte, sans enthousiasme, me l'apprit telle une nouvelle banale : « Le liquide céphalo-rachidien est intact. » Alors ma joie fut immense. Mais je ne comprenais pas qu'une telle nouvelle me soit communiquée avec si peu d'empressement et si peu de chaleur. Cela traduisait un désintéressement qui m'accablait. Comment peut-on défendre une cause quand on n'y croit déjà plus ?

Les résultats de la ponction de moelle osseuse n'étaient pas aussi bons. Des cellules leucémiques réapparaissaient mais, après quinze jours sans traitement, c'était, paraît-il, courant. Les prochaines injections les détruiraient certainement.

A l'examen sanguin, rien d'anormal sinon une vitesse de sédimentation encore très accélérée. L'électrocardiogramme pratiqué par mesure de précaution permit d'entamer le cinquième traitement.

23 octobre 1970

Le traitement recommença. Les jours qui suivirent, Bruno, comme d'habitude, était très fatigué ; des cernes profonds marquaient son visage. Il avait perdu sa bonne mine. Aux examens de contrôle, les cellules malignes étaient bien détruites mais la moelle osseuse était trop appauvrie pour permettre les secondes injections prévues. Notre séjour était donc prolongé jusqu'à ce que la moelle ne soit plus en aplasie. Et pour voir l'évolution, les ponctions de moelle seraient renouvelées autant de fois qu'il le faudrait.

Comme après chaque traitement, l'appétit revenait mais toujours ces nausées...

Nouvelle ponction de moelle.

Hélas, les résultats restaient inchangés. Impossible de continuer le traitement. L'enrichissement de la moelle devait se faire naturellement mais c'est parfois bien long.

L'électrocardiogramme révélait un rythme cardiaque trop lent. Ce n'était pas le moment, en effet, d'imposer à un cœur déjà éprouvé des efforts supplémentaires.

L'interne prescrivit un électro-encéphalogramme. Il fallut expliquer ce que représente ce mot barbare pour un petit garçon, et pleinement confiant dans mes explications, Bruno descendit dans la salle réservée à cet examen. J'avais pu l'accompagner.

La manipulatrice fut tout attendrie de le voir essayer de consoler un petit garçon qui attendait lui aussi pour le même examen. « Oh ! qu'il est mignon ! Il est si gentil. »

Bruno, installé sur la table, observait chaque geste de la manipulatrice et me regardait de temps à autre d'un œil amusé. Tous ces fils partant de cet énorme casque lui rappelaient les cosmonautes. Il obéissait rigoureusement aux directives pour guider sa respiration, fixer la petite lampe si vive, fermer ou non les yeux...

Un peu plus tard, le résultat de l'examen ne révélait rien d'anormal.

6 novembre 1970

Enfin, les résultats de la ponction de moelle osseuse permettaient de procéder au sixième traitement. Etait-ce là, désormais, la seule source de nos joies : pouvoir enfin pratiquer un traitement qui pouvait aussi le tuer ?

9 novembre 1970

Le combat contre la maladie peut être repris. Le soir, un léger souffle au cœur était perçu mais, dès le lendemain, les troubles avaient disparu. « Décidément, ce petit supporte au mieux tous ces traitements de choc », déclaraient les médecins très satisfaits. Cela me donnait du courage.

Ce soir-là, alors que plateaux, chariots divers avaient cessé de faire du bruit, à l'heure où les stores se baissaient et où les petits malades pouvaient prétendre à quelque repos, un cri inconnu et horrible perça cette illusion de quiétude. Mais était-ce bien un cri ? Il n'avait plus rien d'humain. Quelques minutes s'écoulèrent ; le cœur battant, nous attendions. L'horrible hurlement se répéta. D'abord muette de stupeur, je me ressaisis et feignis l'indifférence. J'aurais fait n'importe quoi pour que Bruno n'entende pas. Dans la mesure où je ne cherchais pas à déceler l'origine de ce bruit, Bruno ne cherchait pas non plus ; mais voilà que la porte s'ouvre et l'infirmière que nous aimions tant pénètre. Elle était livide, avançait lentement, guettant visiblement le cri : « Vous avez entendu ? Qu'est-ce que cela peut bien être ? » Je crus un instant qu'elle aussi allait craquer. C'était horrible, déchirant. On avait envie de se boucher les oreilles, de fuir loin, loin de toute souffrance, et ne plus entendre. Bien vite, l'infirmière se ressaisit et s'ingénia à trouver de multiples explications : « C'est sans doute le cri d'un animal dans le jardin public d'à côté. Ou alors l'écho d'une usine toute proche dont on entend souvent le bruit des enclumes. » A intervalles réguliers, le long cri reprenait et couvrait tous les autres bruits. A cela vint s'ajouter l'ululement d'une chouette, tout près de là. Le cadre, le bruitage, tout y était et aurait pu illustrer quelque tableau d'épouvante. « Tu ne crois pas, maman, que c'est le cri de quelqu'un qui a très mal ? » : Bruno était suppliant. « Non, mon petit bonhomme, tu as bien vu l'infirmière et entendu ce qu'elle a dit : comme nous, elle a été surprise au début, elle a eu peur elle aussi, mais ne te tourmentes pas, c'est certainement bien peu de chose... »

Heureusement, il s'endormit vite d'un sommeil paisible. Moi, je n'arrivais pas à ôter ces cris terrifiants de mes oreilles. J'étais glacée, comme l'infirmière.

Durant trois soirs de suite, à partir de la même heure et pour une durée identique, les mêmes cris réapparaissaient ; ainsi que les cris de la chouette.

Le quatrième soir, il n'y eut que les ululements de la chouette.

Nous fûmes soulagés...

11 novembre 1970

Pour nous, c'était aussi l'armistice, mais il n'était que provisoire ! Le combat n'était pas pour autant fini. Cependant, notre joie était immense. Nous partions pour un mois. Pas quelques jours, ou une semaine : un mois de vie normale, un mois de liberté, un mois pour récupérer la force d'affronter un autre séjour ; un mois bien à nous. « Tu vois, Bruno, nous espacerons de plus en plus nos séjours à l'hôpital. — Mais, maman, il me faudra venir ainsi toute ma vie ? » Ces paroles me glaçaient. Avait-on le droit d'enfermer un enfant dans un cycle infernal ? « Non, mon chéri, bientôt les méchants microbes ne viendront plus du tout t'ennuyer et tu seras très, très fort.

Tu vois bien, ils sont déjà très peu nombreux. » Comme je voulais me convaincre moi-même de cette espérance ! J'avais l'impression qu'à jouer perpétuellement cette comédie, les séjours deviendraient de plus en plus difficiles à soutenir s'ils devaient indéfiniment se renouveler.

Notre joie était grande, mais sur la route, aux côtés de papa, nous étions songeurs. La transition entre nos deux vies n'était pas aussi simple.

A la maison, Bruno restait encore fatigué, durant les premiers jours, des examens et du dernier traitement. Puis, très vite, il retrouva sa bonne mine et son appétit. Un vrai plaisir.

Des piqûres intramusculaires prescrites à domicile nous rappelaient sans cesse la réalité, mais c'était bien peu de chose après tout ce qu'il avait enduré, et il eût été imprudent de devoir rester un mois sans aucun soin ; ces piqûres garantissaient une certaine sécurité. C'était une sœur qui venait les lui faire. Tous deux avaient vite sympathisé. Elle le trouvait tellement raisonnable pour son âge. Elle lui avait offert un petit cadeau.

Ce mois s'annonçait merveilleux ; et pourtant, il y avait déjà une ombre. Afin d'éviter tout risque de contagion, les petits frères et sœur de Bruno devaient rester dans la famille.

Tout un long mois rien qu'à nous. Il fallait de nouveau essayer de vivre une vie normale dans des conditions qui ne l'étaient plus : cette dissection du foyer, cet isolement qui supprimait toute réunion familiale ou entre amis, ces promenades solitaires pour fuir les microbes menaçants des foules. Cette solitude au milieu du monde devenait certains jours extrêmement pesante. Et n'était-elle pas par-dessus toute autre chose, un rappel cruel : Bruno n'était plus désormais comme un autre enfant. Ce mal qui l'avait atteint, non seulement le faisait souffrir, mais le privait de tous les droits de l'enfant bien portant, ce droit d'être heureux, d'être entouré.

D'habitude, nous allions à l'hôpital faire pratiquer les examens de contrôle. Mais, cette fois, afin de rester plus longtemps à la maison, nous avions décidé de les faire faire à domicile. C'était toujours quelques heures d'angoisse et de souffrances évitées.

Cette fois-ci, pour la prise de sang, Bruno n'était pas inquiet. Il connaissait les laborantines et savait par expérience qu'elles étaient habiles. Tout se passa très bien et l'infirmière fut agréablement surprise d'être accueillie par un beau sourire.

Pour la ponction de moelle, Bruno était plus inquiet. Nous ne connaissions pas le médecin. Pourtant, tout se passa très bien. Malgré son air dur, il nous donna confiance et mit Bruno à l'aise en déclarant : « Restez, madame, vous verrez, tout se passera très bien. » En quelques secondes, la ponction était faite et, au moment où le médecin rangeait sa seringue, Bruno retrouvait son cadre familier riche en dérivatifs. Le début de la journée avait été pénible, mais, très vite, ce fut du passé avec la reprise immédiate de nos occupations journalières. Inutile de dire que le moral de Bruno était meilleur et, par la même occasion, le mien. L'angoissant symbole des « blouses blanches », des « plateaux de soins » avait disparu, emportant avec eux les indices de la maladie. Nous venions de gagner quelques jours de plus à la maison avec papa. C'était formidable.

Huit jours, puis douze, le mois entier et tout recommence.

Je suis arrivée au jour où je dois l'arracher à son sommeil paisible au creux de son petit lit. J'essaie de repousser le temps. Mais, dès le réveil, Bruno comprend vite qu'il retourne à l'hôpital : absence de petit déjeuner. On ne peut rien lui cacher. Tristement, c'est la préparation de la valise, les jouets et puis la porte de la maison se referme sur tout ce que nous aimons. Une fois de plus, il faut refouler nos larmes qui nous étreignent la gorge. Pour combien de temps encore allons-nous être séparés ? Bruno reverra-t-il encore sa maison ? A chaque fois la maladie recule. Mais supportera-t-il encore longtemps la toxicité de l'arme utilisée ?

La seule vue du pavillon hospitalier nous glaça le cœur. Lentement, nous gravissions tous les trois chaque marche, cherchant à reculer le plus possible l'instant où nous aurions franchi une fois de plus cette large porte qui nous emprisonnerait, pour subir de nouvelles souffrances.

Tandis que l'ascenseur nous emmenait vers le couloir sombre où nous avions déjà connu tant d'angoisse, d'espoir et de désespoir, Bruno serrait très fort dans ses bras son gros ballon, compagnon de souffrance qu'il ne quittait jamais.

Quelle chambre aurait-il cette fois ? Pourrait-il voir le soleil se lever et se coucher, apercevoir les voitures, les passants, des indices de vie ? Hélas ! non : la même cellule-tombeau nous avait été réservée. Plusieurs femmes de service en étaient désolées : « Dès que nous le pourrons, nous vous changerons de chambre, mais tant que la surveillante est là, ce n'est pas possible. » Encore cette rancune injustifiée. Grâce au professeur X..., je pouvais rester près de lui, mais à quel prix !

Pour ne pas laisser à la « froideur » de cette cellule le temps de nous envahir, nous nous empressâmes de la décorer lorsque la porte s'ouvrit sur les « blouses blanches », des « blouses blanches » aux visages totalement inconnus cette fois. L'équipe médicale avait changé. Heureusement, c'était toujours le même interne-chef. Cela calma un peu notre angoisse. Tous ces étrangers ne connaissaient rien de Bruno. Une fois de plus, il fallait recommencer toutes les explications relatives au déroulement de la maladie, des analyses, des différents traitements. A chaque fois qu'il y avait changement d'équipe, il y avait toujours de multiples omissions dans les transmissions dont seul, Bruno assumait les conséquences. J'étais découragée.

Les résultats des examens pratiqués à domicile nécessitaient d'autres investigations.

La prise de sang se passa au mieux mais, pour la ponction de moelle, ce fut autre chose. L'étudiant en médecine n'avait pas dû en faire souvent. Il s'y reprit à plusieurs fois avant d'atteindre vraiment la moelle. Bien sûr, ils doivent apprendre. Pour des adultes, c'est déjà pénible qu'on se fasse la main sur eux, mais pour des enfants, c'est pire. Ils ne peuvent pas comprendre une souffrance inutile. Les conséquences en sont parfois irréparables, la finalité recherchée, détruite ou inversée.

J'en parlai à l'interne responsable, lequel me rassura : « La prochaine fois, j'enverrai un étudiant plus adroit. » Je m'empressai d'aller tranquilliser Bruno : « Ne t'inquiète pas, mon chéri, une autre fois, ce ne sera plus cet étudiant et tout se passera bien. »

Comme moi, il était rassuré et confiant.

Les résultats sanguins étaient normaux. Par contre, dans la moelle osseuse, des cellules malignes étaient réapparues. Mais, après un mois sans traitement, c'était hélas ! courant, et justifiait le côté impératif des traitements périodiques.

15 décembre 1970

La moelle osseuse était pauvre mais permettait tout de même l'administration du traitement. J'admirais le courage de Bruno. Son moral ne faiblissait pas malgré ses souffrances.

Il fallait de nouveau refaire les examens de contrôle. Prise de sang. Ponction de moelle.

Malgré les paroles rassurantes de l'interne, Bruno attendait avec appréhension la ponction de moelle. Ses grands yeux sombres fixaient avec inquiétude la poignée de la porte. Lorsque la porte s'ouvrit, rien qu'à la mine réjouie de Bruno, je sus que l'interne avait tenu parole. Ce n'était pas l'étudiant de la dernière fois. C'était suffisant pour le rassurer et le large sourire qu'il prodigua à ce nouvel étudiant permettait cet accord indispensable entre médecin et malade pour que l'examen se déroule dans les meilleures conditions.

Tout se passa très bien. Et Bruno en était si heureux ; heureux d'avoir supporté vaillamment une souffrance pendant que d'autres, au même moment, étaient tout simplement heureux de recevoir une caresse, un cadeau. Pourquoi pas lui ?...

Maintenant, il fallait attendre. De ces résultats d'analyses dépendaient une fois de plus le traitement périodique et, en même temps, notre départ. Nous approchions de Noël mais nous n'osions pas encore prononcer le seul nom de cette grande fête.

22 décembre 1970

Nous sommes fous de joie. On peut effectuer le traitement et, si tout se passe bien, nous pourrons peut-être passer Noël à la maison.

Ce fut donc le huitième traitement. Bruno suivait chaque geste, chaque parole de médecin. Il avait retenu depuis longtemps le nom complexe de chaque médicament. Il en connaissait jusqu'au dosage.

A côté de cela, le professeur X... qui avait suivi Bruno depuis le début des soins, devenait de moins en moins visible. Un ou plusieurs assistants le remplaçaient aux visites mais ils semblaient si loin de nous. Jamais une parole, ils ne parlaient qu'entre eux comme si nous n'existions pas. Il n'y avait plus cette association avec nous pour mener le combat contre la maladie. Bruno n'était que le cas numéro tant. Il appartenait au domaine de la médecine.

Pendant trente-six heures, comme à chaque traitement, Bruno réunit ses forces pour combattre et, comme à chaque fois, ce fut la victoire. Restait la fameuse ponction lombaire, et ne pas savoir qui la ferait ajoutait encore à l'angoisse du moment.

Lorsque le médecin entra dans la chambre, Bruno chercha à découvrir le signe qui le mettrait en confiance. La douceur du sourire du médecin lui avait parlé. Tout se passa au mieux.

Encore quelques heures et nous pourrions partir. C'était le plus beau cadeau de Noël.

Une panne d'électricité transforma cette soirée du 23 décembre en veillée aux chandelles. Je ne voyais pas bien clair pour dîner. Bruno était ravi : « Fais attention aux arêtes, maman. Regarde les belles ombres sur le mur. » La lumière tremblante des bougies rompait d'un seul coup la monotonie habituelle et nous berçait d'illusions en nous transportant loin de la tragique réalité. Nous ne savions pas alors que cette panne pouvait coûter la vie à des petits enfants en réanimation... Elle dura deux heures !...

La nuit fut excellente. La journée serait longue à attendre papa pour partir. J'avais fait acheter par la jardinière d'enfants du service une panoplie de Zorro. Pourtant, le costume noir orné d'arabesques blanches m'avait impressionnée. Si j'avais pu le choisir, je l'aurais pris autrement. Pour me faire plaisir, il finit par accepter que je lui colore les arabesques de vives couleurs.

« Qu'est-ce qu'on va bien jouer avec les petits frères et sœur ! »

24 décembre 1970

Zorro-Bruno joua toute la journée à manier l'épée. Et, comme c'était Noël, nous

nous proposâmes de faire la décoration du pavillon. Installé à la table, Bruno confectionna, avec cette application qui lui était propre, de belles guirlandes multicolores. Même la complexité du pliage ne l'avait pas arrêté et, en quelques minutes, il avait saisi le processus pour me l'apprendre ensuite. Il avait confectionné deux gros bonshommes de neige tout de carton et d'ouate. L'un portait un beau chapeau haut de forme avec un gros cigare au coin des lèvres, et l'autre était coiffé d'un bonnet de meunier bleu et portait un foulard rouge. Les bonshommes de neige étaient destinés à ses frères et sœur et le troisième restait à fabriquer. En attendant notre départ, l'un des deux était exposé dans la salle de jeux pour les petits enfants malades qui avaient la chance de pouvoir se déplacer et en profiter. Par la suite, j'ai manifesté le désir de le récupérer mais je ne reçus pas la moindre réponse.

Le personnel était lui aussi mobilisé par cette décoration de Noël mais j'étais loin de penser que les petits enfants isolés dans leur chambre ne bénéficiaient absolument pas de ces réjouissances uniquement réservées aux coups d'œil des visiteurs.

Cette fois, notre départ avait vraiment une allure de fête et nous préparions nos valises au milieu des découpes de papier qui jonchaient le sol. Même la décoration pour notre maison était prête. Bruno avait confectionné avec beaucoup de soin un père Noël rouge avec une longue barbe blanche en coton. Il y avait aussi tous ses dessins, les peintures, les bricolages dont ce petit train sur ses rails, les chevaux, le « mille bornes », les cartes. Il avait appris à jouer à la bataille, au menteur, au chien de pique. Nous n'avions pas oublié non plus notre provision de « pommes de terre sautées ». Il en était tellement privé qu'il avait découpé des petits carrés de carton pour les remplacer. Piètre compensation !... en attendant de retrouver des vraies pommes de terre sautées à la table familiale. Un vrai déménagement !

Pour une fois, le professeur X... vint nous voir en fin d'après-midi. « Il faudra partir le plus vite possible, les routes seront verglacées ce soir. » Il ne s'agissait pas d'avoir un accident. Nous partions pour deux mois. Entre-temps, un des assistants m'avait affirmé que Bruno pouvait reprendre la classe vu son état satisfaisant. Je voulais avoir confirmation du professeur X... lui-même. Aussi, juste avant de partir, je le rattrapai dans le couloir. Il fut réellement surpris de ma question ; il n'était pas question d'exposer ainsi Bruno à des risques de contagion si fréquents à l'école. Cette opinion, je la partageai pleinement mais je voulais surtout me convaincre que le professeur X... restait, lui, fidèle à ce personnage lucide, efficace, du début. Je repartis plus rassurée.

Il faisait très froid dehors mais Bruno était fou de joie entre nous deux — mon mari et moi — et nous étions tellement heureux. Sur la route, nous nous confondions avec les nombreux vacanciers que les fêtes de Noël déplaçaient à travers la France.

Arrivés à la maison, nous nous dépêchâmes de décorer notre sapin, d'installer une petite crèche, de vider nos valises et de faire disparaître tout ce qui nous rappelait notre chambre d'hôpital.

Bruno était heureux, mais à peine arrivé, il s'inquiéta de savoir si ses frères et sœur seraient là. Hélas ! ce n'était pas possible. « Tu sais chéri, ils sont souvent enrhumés, et il ne faut pas que tu retombes malade. Il faut que tu patientes encore un peu. » Quelle déception !

24 décembre 1970

Nous fîmes un réveillon royal. Mais il fallait ménager les forces de Bruno. Aussi, nous déposâmes ensemble, avec de la joie plein le cœur, nos chaussures au pied du sapin décoré par Bruno et son père avant le dîner. « Fais vite un gros dodo, petit chéri, et demain, tes chaussures seront certainement bien garnies. »

Le sommeil l'emporta vite. Nous avions mis son petit lit à côté du nôtre et il s'endormit en souriant. Il respirait paisiblement. Quelle joie pour son père et moi que de descendre sur la pointe des pieds déposer les paquets. Noël, c'était Noël mais il ne ressemblait en rien aux autres. Nous l'aurions voulu magnifique, féérique. Nous aurions voulu lui offrir tant de cadeaux, le combler, le gâter autant qu'il avait souffert, mais ce n'était pas possible. Malgré tout l'amour que nous avions, pour lui, nous ne disposions que d'un petit budget déjà bien ébranlé. De plus, il ne fallait pas rendre impossible les séjours à l'hôpital. Ma présence à ses côtés était aussi capitale que n'importe quel traitement. Je le savais. Il n'y avait plus qu'un salaire à la maison. Le cœur bien lourd, nous avions dû limiter nos achats et nous nous promettions de donner suite, petit à petit, à la liste de cadeaux, toute modeste d'ailleurs, dressée à son intention.

Inconsciemment, nous refusions alors d'admettre qu'il ne nous était plus permis, comme à tant d'autres, de remettre quoi que ce soit au lendemain. Qu'importait le déséquilibre de notre budget ? Nous aurions dû accepter les offres des amis pour nous aider, et même nous aurions dû lancer des appels qui nous auraient permis de réaliser pour lui ce dernier Noël. Maintenant c'est trop tard.

25 décembre 1970

Nous étions impatients de le voir regarder dans ses chaussures. Bruno avait un visage radieux et il dégringola l'escalier pour aller voir. Ses doigts impatients s'appliquèrent à enlever avec attention les ficelles des paquets et, chaque fois, c'était le même émerveillement, la même joie qui explosait. Ensuite, Bruno et son père jouèrent avec le circuit de voitures de course. Puis ce fut l'enchantement d'une projection de dessins animés sur le mur.

De leur côté, les petits frères et sœur avaient été gâtés par la famille, mais comme ils nous manquaient !

Puis les journées s'écoulèrent paisiblement dans la joie d'être ensemble. Quelquefois, nous risquions des sorties dans le grand magasin près de chez nous, devenu notre unique lieu de dépaysement et de détente. Lorsque le printemps serait là, nous irions dans le jardin public et nous retrouverions les petits chevaux. Nous sortions toujours aux « heures creuses » afin de réduire au maximum les risques de contagion. Je le revois encore les yeux pétillants de joie en train de conduire cette moto sur la piste du grand magasin. Pourtant, il revenait vers moi et disait : « Je ne fais pas d'autre tour aujourd'hui ; c'est suffisant. » Je connaissais l'unique raison de son arrêt. Nous faisions attention à notre budget et il ne voulait pas être la cause de dépenses excessives. J'aurais dû multiplier ces tours de moto. Encore une fois, il est trop tard.

Ses frères et sœur étaient décidément trop loin. Les deux garçons ayant eu, entre-temps, la redoutable varicelle dont nous devions le préserver à tout prix, nous décidâmes d'aller les voir, non sans avoir pris auparavant de sérieux renseignements sur leur état de santé et celui de l'entourage. Il ne s'agissait pas d'anéantir en un seul jour tout ce qu'on avait obtenu par tant de sacrifices.

Il faisait toujours aussi froid et nous devions nous cantonner dans la cuisine en condamnant les autres pièces. Nous ne pouvions pas, pour le moment, acquérir un chauffage d'appoint. Bruno ne pouvait plus circuler avec son vélo faute de place. Vivement le printemps, Bruno, tu pourras rouler même dans la rue avec nous.

Les beaux jours viendront mais il ne sera plus là.

7 février 1971

Cette fois, pas besoin de le réveiller. Bruno était debout le premier, habillé, prêt à partir. Il avait des ailes pour aller voir ses frères. Enfin, nous rompions avec notre solitude. Revoir notre famille, et rouler pendant des kilomètres sans aller en direction de l'hôpital. C'était notre premier voyage d'agrément. C'était la dernière fois qu'ils étaient réunis tous les quatre. Ils avaient tellement de choses à se raconter ! Mon mari et moi ne nous lassions pas de les regarder, de les écouter tous rassemblés autour d'une table spécialement dressée pour eux.

C'est décidé : les frères rentreront avec nous à la maison. La petite sœur restera quelque temps encore chez sa tante où elle se plaît tant.

Après ces mois tragiques, Bruno se retrouvait enfin avec ses frères et sœur. Il pouvait bouger, courir, sauter, rire aux éclats, faire du bruit, apprécier les repas et dormir normalement. Tout était redevenu comme avant. Et pourtant, comme cela me paraissait précaire ! Je ne pouvais pas m'empêcher de le suivre pendant qu'il courait de maison à maison à en perdre haleine. J'avais tellement peur de voir la maladie réapparaître.

Il fallait songer au retour. Pour les petits frères, pas de problème ; mais quant à Bruno et sa sœur, ils avaient le cœur bien lourd de devoir se séparer. Bruno avait préparé cet instant. Avant notre venue, il avait particulièrement insisté pour que je lui achète un petit jouet. J'en fus étonnée car jamais il ne réclamait rien. Devant mon hésitation, il eut un air si malheureux que je le lui achetai immédiatement. Alors, son sourire réapparut : « Tu sais, maman, ce n'est pas pour moi, c'est pour Cathy lorsque nous irons la voir ; elle aura tellement de chagrin de ne pas revenir avec nous ! » Pour Yann, Jacques et Cathy, il restera « Petit Mano ». Bruno avait vu juste et c'était déchirant de voir ce grand frère de cinq ans offrir ce jouet à sa petite sœur.

Pendant le retour en voiture, Bruno dormit entre ses deux frères mais, dès le retour à la maison, les rires et les éclats de voix fusaient de toutes parts. Chaque minute était utilisée au maximum pour rattraper le temps perdu. L'orchestre était complet : accordéon, guitare, flûte et même batterie. Avec son père, nous regrettions de ne pouvoir louer un piano à domicile. C'eût été une surprise merveilleuse mais au-dessus de nos modestes moyens.

Chaque soir, son père le retrouvait caché derrière quelque porte prêt à se jeter à son cou pour l'embrasser très fort. Et ils se racontaient mutuellement leurs journées avec force détails. Si son père était en retard, c'était l'inquiétude. Il guettait à la fenêtre le ronronnement familier de la voiture, le bruit des pas et il me demandait sans cesse l'heure. « Papa a beaucoup de travail, il sera fatigué. »

Un gros rhume, puis une bronchite nous donnèrent bien des inquiétudes, mais il les surmonta parfaitement. C'était le second mois sans traitement. Pourtant, pas de traitement, pas de contrôle, n'était-ce pas en opposition avec tout ce qui avait été fait avant ? Nous n'étions pas maîtres à bord et nous faisions confiance aux directives qui nous avaient été données.

Son sommeil devint agité. Chaque nuit, il était la proie de terribles cauchemars. Il pleurait, gémissait, se débattait, se dressait apeuré dans son lit et, lorsque nous parvenions enfin à le réveiller, il se cachait sous son oreiller pour y enfouir ses larmes. Nous étions fort inquiets. Dans la journée, il jouait avec ses frères mais il se fatiguait vite et, parfois, ce qui n'était guère son habitude, il était prêt à pleurer si ses frères l'avaient bousculé. Ses nerfs semblaient à bout !

Maintenant, mon mari et moi, à l'évocation de ces quelques réprimandes imméritées à son égard, sous l'effet de la fatigue, de l'énervement, nous avons le cœur déchiré. Une assiette brisée alors qu'il voulait m'aider, c'est bien peu de chose pour être grondé violemment, même dans une vie normale. Comment sommes-nous faits, nous les adultes, pour réagir de la sorte ?

Un soir, après avoir embrassé ses petits frères et les avoir bordés dans leur lit, il vint me retrouver sans bruit dans la salle de bains. Il s'assit alors sur une chaise basse : « Maman, je reste auprès de toi, je t'attends. Tu sais, maman, je veux toujours rester près de toi. Je veux te suivre partout, toujours. » Il prononçait ces paroles avec un tel sérieux que j'avais envie de pleurer. C'était à croire qu'il avait peur de ne pas pouvoir réaliser ce serment, comme s'il cherchait à me convaincre avant quelque menace.

Je me souviens de lui avoir répondu : « Mais, bien sûr, mon chéri, on ne se quittera jamais, jamais. Tu sais bien que maman ne pourrait pas vivre heureuse sans toi, loin de toi... » Puis je m'en suis toujours voulu d'avoir mis un terme trop brusque à ces minutes de profonde intimité, en exigeant qu'il aille se coucher. Il me regarda intensément. Son regard devint triste, et il fut surpris que je ne reste pas plus longuement avec lui après de tels échanges. Mais comme toujours, il obéit.

Je terminai alors quelques rangements en toute hâte afin de ne pas le laisser sur une impression qui le rendait malheureux. J'eus le cœur gros d'avoir dû lui imposer encore ce sacrifice mais voilà, une fois de plus, j'étais tiraillée entre la spontanéité de mon comportement de femme qui comprend et saisit tout de son enfant et mon rôle de mère tel qu'on me l'avait appris.

Hélas !

A la fatigue, l'irritabilité, les cauchemars s'ajoutèrent les nausées, la perte de l'appétit et les douleurs lombaires. Sa transpiration était redevenue intense, ses urines étaient sombres. Un accablant masque de tristesse recouvrait son visage. Nous étions désespérés.

Le médecin alerté nous dit de surveiller la coloration des urines. Si la teinte foncée persistait, il viendrait le voir. Elles redevinrent normales. Il était donc inutile de le rappeler. Cependant, la confiance que nous avions en ce médecin avait sérieusement été ébranlée lors de sa dernière visite à la maison. En feuilletant ses papiers, il trouva par hasard une convocation émanant de l'hôpital qu'il avait omis de nous faire parvenir. Cela remettait tout en cause. Pas de convocation, pas de visite, pas de contrôle, pas de traitement. Tout cela aurait sans doute enrayé tous ces symptômes inquiétants mais, de ce fait, cela n'avait pas été effectué.

Par mesure de prudence, nous décidâmes de contacter directement le professeur X... à l'hôpital, en lui expliquant l'état de Bruno. Notre départ pour le traitement périodique fut donc avancé de deux jours. Nous partirions le 22 au lieu du 24 février.

Les petits frères restaient avec papa qui se ferait aider et, à notre retour, nous les retrouverions. Malgré tout, son état n'était pas aussi grave que la première fois, et il ne s'agissait pas d'une négligence de quatre mois, mais d'un mois tout au plus.

22 février 1971

Un départ de plus, avancé de quarante-huit heures. Je ressentais une angoisse indescriptible. Une impression étrange. Le doute s'installait en moi.

Devions-nous partir ou devions-nous le faire soigner sur place comme on nous l'avait proposé ? Jusqu'à présent, je n'avais jamais hésité. Nous connaissions la nouvelle équipe médicale qui serait la même durant le prochain séjour. Hospitalisé ailleurs, il faudrait tout recommencer à zéro. Les idées se bousculaient pêle-mêle dans ma tête sans que je puisse en dégager quelque chose de précis.

Bruno ne souffrait plus. Nous roulions en direction de l'hôpital. Ce sera notre dernier voyage ensemble avec papa. Les derniers kilomètres le rapprochaient de son grand voyage à lui. Seul. J'ai même été effleurée par le désir d'un accident de voiture, car si je devais le perdre, je souhaitais que ce soit une épreuve de la vie courante.

Nous voici tous les trois silencieux. Nous gravissions les marches du perron de l'hôpital. En vain, j'essayai de trouver le motif qui nous empêcherait de rester dans ce pavillon sans bien savoir pourquoi.

L'infirmière nous conduisit à la chambre 22, cette chambre tant convoitée. La grue remplissait toujours les péniches de sable comme à notre premier séjour, et le soleil nous inondait de lumière.

Comme nous l'avions désirée cette

chambre ! Mais ce matin-là, elle arrivait trop tard. Et cette angoisse qui me serrait la gorge me donnait envie de crier. Bruno, de son côté, promenait son regard à travers la chambre sans enthousiasme non plus. Et pourtant, il essayait de rire : « Oh ! maman, c'est chic ! Regarde, la grue est toujours là avec les péniches. » Cette fois, je sentis que ce serait très dur après le séjour de deux mois chez nous. Nous recommencions. Il fallait se ressaisir. La surveillante apparut dans la chambre : « Madame, vous ne pourrez pas rester auprès de votre enfant. Il n'y a pas de place et vous ne voudriez sans doute pas prendre celle d'un autre enfant malade !... »

Cette fois, je n'en pouvais plus ; je demeurai intransigeante : « Je me passerai fort bien de lit ; mais si je ne peux pas rester avec mon fils, nous repartons dans notre ville poursuivre le traitement, comme nous l'a d'ailleurs proposé le professeur X... » En prononçant ces mots, j'eus envie de rire. Enfin, nous avions un motif pour fuir.

La surveillante était déjà partie en claquant la porte avec colère, mais elle réapparut quelques minutes plus tard pour tout anéantir de nouveau : « Pour aujourd'hui vous pouvez rester, mais nous verrons par la suite. » J'étais maintenant déçue de cette fuite manquée. Bruno ne disait pas un mot. Il était livide. Il avait eu si peur de rester seul d'abord puis de ne plus être soigné si nous partions. Il fallait donc rester mais j'étais fermement décidée à ne pas le quitter quoi qu'il arrive. Je ne l'abandonnerais pas et il l'avait compris.

L'heure était arrivée où mon mari devait nous quitter. Cela ajoutait encore à notre désarroi. Nous parlions beaucoup pour faire taire notre peur et stopper nos larmes mais, bientôt, il disparut au fond de l'ascenseur. Afin de mieux l'entendre, nous retenions notre respiration pour écouter le bruit du moteur de la voiture le plus longtemps possible et puis plus rien. Papa n'était plus là et nous restions seuls. Nous n'avions même pas le téléphone qui nous aurait donné le réconfort d'être reliés au monde extérieur. La chambre voisine en possédait un. Elle était occupée par une fillette mentalement débile qui ne s'en servait pas. Il était hors de question que quelqu'un prenne l'initiative de le déplacer.

La porte s'ouvrit brutalement pour laisser passage aux « blouses blanches ». Un coup d'œil rapide m'apprit que le professeur X... était absent. Un assistant hautain et indifférent le remplaçait. Il se dirigea vers Bruno qui pâlissait à vue d'œil, figé sur son lit. Sans un mot, sans un regard, on lui ôta son pyjama. Qu'allait-on lui faire ? J'essayai de saisir quelques bribes de phrases qui me donneraient des indications. « Rien de spécial, foie un peu gros. » Puis ils partirent tous, comme ils étaient venus. Pas un mot, pas une explication. Je n'existais pas. Bruno n'était qu'une leucémie. C'était horrible et déprimant. Je crois que si j'avais eu le téléphone, j'aurais téléphoné à n'importe qui pour appeler au secours.

Prises de sang et ponction de moelle furent pratiquées sans difficultés ; enfin une accalmie. Malgré tous ces bouleversements, Bruno conservait le même courage qui fit l'admiration des médecins : « A cinq ans et demi !... »

Bien que les résultats sanguins fussent normaux, la moelle contenait de nombreuses cellules qu'il fallait détruire le plus vite possible. Résultat d'un oubli du médecin de ville qui n'avait pas permis d'effectuer cette visite de contrôle capable de dépister à temps le mal. La négligence une fois de plus pouvait être fatale.

23 février 1971

L'interne-chef que Bruno aimait tant et qui avait toute sa confiance pratiqua une ponction lombaire. Comme d'habitude, il ne bougea pas. En quelques minutes, tout fut terminé. Il fallait attendre les résultats.

24 février 1971

Le lendemain matin, je guettais le moment où la porte s'ouvrirait pour qu'on me communique les résultats tant attendus, mais la porte s'entrouvrit à peine ; j'aperçus le professeur X... et, à ma stupéfaction, j'entendis la surveillante déclarer : « Non, professeur, ici pas de visite, le petit va très bien. » Et la porte se referma aussi vite qu'elle s'était ouverte.

J'étais tellement sidérée que je fus incapable de la moindre réaction.

Ce n'est qu'au cours de la journée que l'interne découvrit les résultats qui étaient alarmants et nécessitaient d'entamer le traitement d'urgence. Le liquide céphalo-rachidien était atteint. J'étais désespérée.

Le professeur X... vint me rassurer lui-même : « Il n'y a pas lieu de s'alarmer, c'est un fait courant, et tout s'arrange en général très bien avec des infiltrations lombaires. »

Pour moi, le terme « en général » mettait quelques restrictions quant à la garantie de pouvoir remédier à la situation. Combien faudrait-il d'infiltrations ?

Tout pâle, ses grands yeux pleins d'angoisse, à la limite des larmes, Bruno écoutait le professeur. Rien ni personne ne pouvaient se porter garants d'une réelle guérison.

Vivre à ce prix-là, est-ce vivre ?

« Le traitement commencera demain, il faudra qu'il reste à jeun comme d'habitude », me déclara le professeur X... en sortant de la chambre.

25 février 1971

Bruno devant rester à jeun, je me réjouissais de pouvoir le laisser dormir le plus longtemps possible. Je n'avais pas ouvert les volets et je restais près de la porte afin de prévenir une quelconque irruption bruyante qui le réveillerait en sursaut. Pour ce qui était de la prise de température, cela faisait belle lurette que je m'en chargeais et encore, il fallait à chaque fois que je le rappelle à l'infirmière ou aux stagiaires, pour qu'elles la notent. Cette habitude, je l'avais prise pour plusieurs raisons. D'une part, quand c'est la mère de l'enfant qui prend la température, c'est généralement sans problèmes, tandis qu'avec une stagiaire, le manque d'habitude, un peu de maladresse, le risque d'un abord regrettable, ce peut être grave. Mais surtout, la raison primordiale était celle de l'hygiène. Nous étions censés être dans une chambre stérile et combien de fois m'a-t-on présenté un thermomètre encore souillé. Il pouvait provenir d'un contagieux sans qu'il ait été nettoyé. J'avais donc un thermomètre personnel. Déjà, je m'étais battue pour conserver le même urinoir et le même pot que je désinfectais moi-même. A plusieurs reprises, les objets fraîchement désinfectés par mes soins avaient été emportés lors du ramassage collectif et, lors de la redistribution, j'avais récupéré des éléments souillés. Depuis, je dissimulais tant bien que mal le pot et l'urinoir. Que de travaux stupides et inutiles.

Ma présence, capitale moralement, l'était aussi sur le plan matériel. Le personnel se trouvait totalement déchargé de la toilette, de l'aide aux repas, de certains travaux de nettoyage, de la réfection du lit, de la surveillance. Je m'occupais de la répartition des médicaments. Bien souvent, je me demandais qui l'aurait fait à ma place. Un personnel — surchargé de travail, peu nombreux — peut avoir quelque excuse ; ce n'était pas le cas dans ce service bien pourvu.

Ce matin-là, pendant que je surveillais le sommeil de Bruno, la porte s'ouvrit brusquement, laissant entrer une stagiaire qui portait le plateau du petit déjeuner. A voix basse, je lui expliquai que Bruno devait rester à jeun pour recevoir son traitement.

« Ah bon ! l'infirmière ne m'en a pas parlé ; je vous laisse le plateau.

— Laissez-le si vous voulez, mais je ne le donnerai certainement pas à mon fils. Cela risquerait de reporter d'une journée son traitement.

— Bien, je vais me renseigner. »

Et la stagiaire repartit pour revenir quelques instants plus tard, cette fois avec grand bruit : « L'infirmière dit qu'elle n'est pas au courant du traitement de votre fils et qu'il doit prendre son petit déjeuner comme tout le monde. »

C'était le comble. Nous attendions d'une minute à l'autre le traitement, et l'infirmière n'était même pas au courant. Le professeur X... n'avait pas l'habitude de revenir sur un ordre. Laissant là le plateau, la stagiaire repartit en maugréant. Maintenant, il me fallait guetter le professeur avant que quelqu'un ne lui dise que Bruno avait pris son petit déjeuner, sinon le traitement ne serait pas administré comme convenu. Heureusement, l'heure de la visite approchait.

En effet, à la visite, j'appris de la bouche même du professeur qu'on allait faire le traitement tout de suite. Comme j'avais eu raison de m'obstiner. Tout n'était pas réglé pour autant. Le personnel ne faisant pas confiance aux parents, il fallait que ce soit quelqu'un d'autre que moi qui aille prévenir l'infirmière. Aussi, je racontai l'incident au professeur X... qui alla aussitôt prévenir les infirmières lui-même. J'étais soulagée.

La porte s'ouvrit de nouveau, et un médecin vint faire l'infiltration. Bruno, sans un mot, offrait son dos bien enroulé autour de son oreiller. Le médecin lui expliqua qu'il devait respirer profondément. Mais, malgré lui, chaque souffle se terminait par un imperceptible gémissement de frayeur et de douleur. Le bruit de cette respiration, je l'entends encore. Maintenant, c'était fini, et Bruno restait allongé sur son lit sans bouger. Les heures passaient et personne n'était venu installer la perfusion prévue. Bruno commençait à avoir sérieusement faim. Une employée apporta le plateau du déjeuner. Je renouvelai mon refus comme le matin : « Mon fils doit rester à jeun tant que le traitement n'est pas fait. » La femme de service remporta le plateau, déclarant ne pas être au courant. Alors, qui était au courant dans cette maison ? C'était très décourageant et je ne pouvais même pas sortir de cette chambre stérile pour me renseigner. Nous étions comme prisonniers et nous nous sentions oubliés, face à ces « blouses blanches » qui semblaient bien décidées à vouloir nous ignorer. Maintenant que le professeur X... n'accompagnait plus les visites, je n'étais qu'une pauvre profane qui ne méritait pas qu'on s'attarde à lui fournir des explications, pas plus qu'à tenir compte de ses observations. Bruno ne semblait pas éveiller en eux autre chose qu'une banale curiosité de métier.

Pour augmenter mon appréhension et ma méfiance, je m'aperçus avec angoisse que les dosages de médicaments portés sur la feuille de soins affichée au pied du lit n'étaient plus les mêmes. D'une part, Bruno connaissait par cœur le nom et le dosage de chaque produit et, de mon côté, j'avais tout noté. Comment savoir si ces nouvelles doses étaient normales ou non, sans provoquer les foudres de l'équipe soignante qui s'insurgerait contre mon audace, et qui n'hésiterait pas à invoquer la gêne de ma présence dans l'exercice de ses fonctions. Je serais obligée de quitter Bruno ; aussi, je préférais me taire et, en même temps, j'essayais de me convaincre que ces nouveaux dosages étaient normaux.

L'heure du déjeuner était largement dépassée lorsque deux externes entrèrent dans la chambre. Ils venaient faire les injections et s'étonnèrent que la perfusion n'ait toujours pas été branchée. Tout se passait comme si cette infirmière devait avoir raison : « Je ne suis pas au courant » ; sous-entendu : « Je ne veux pas l'être. »

« Eh bien ! prenons-nous par la main », déclarèrent les deux étudiants, et, en hâte, pressés eux aussi d'aller déjeuner, les préparatifs commencèrent. Une fois la perfusion installée, Bruno resta calme et souriant. Comme à chaque fois au cours de ces injections qui pouvaient le tuer ou le sauver, je gardais mon regard rivé sur le sien pour ne rien perdre de ses réactions. « Mon Dieu ! pourvu que cette luminosité dans ses yeux ne se transforme pas en quelque symptôme alarmant. »

Lentement, les produits toxiques montaient dans la tubulure avant de pénétrer dans son corps. Le silence était de plomb. Timidement, je hasardai une remarque au sujet des dosages mais sans recevoir de réponse.

Quelques instants plus tard, les étudiants repartaient avec leur matériel : « Quelqu'un viendra surveiller et effectuer un contrôle cardiaque. »

La matinée avait été interminable.

A jeun depuis la veille, une infiltration, ces injections, tous ces imprévus avaient bien fatigué Bruno mais il avait très faim. Sur ma demande, on lui apporta son plateau de déjeuner. Tout était froid, desséché, et son appétit fut vite coupé. Il avait envie de boire quelque chose de chaud. J'en fis part sans grand espoir à la femme de service et, par chance, l'heure du goûter approchant, il y aurait du café au lait pour tout le monde. Le visage de Bruno s'illumina à cette perspective.

L'heure du goûter était passée depuis longtemps et aucune infirmière n'était venue contrôler. Je surveillais de mon mieux ses pulsations, ses respirations, guettant toujours le moindre signe inquiétant.

Le soir était venu. Que cette journée du 25 février avait été longue !

Le séjour semblait vouloir être le plus dur de tous. Mes barrages de sécurité s'écroulaient l'un après l'autre. Les résultats des examens n'étaient pas bons. Il fallait se débattre pour obtenir un traitement. La surveillance cardiaque indispensable n'était pas faite. Pas de repas. Pas de visite de personnes compétentes. Toujours cette rancœur de la surveillante à mon égard. Le professeur X... faisait des visites de plus en plus espacées. La nouvelle équipe médicale était inabordable. Et ces nouveaux dosages qui torturaient mon esprit. Tout allait de travers.

De toute la nuit, personne ne vint voir Bruno.

26 février 1971

Le matin, l'infirmière qui, la veille, s'était obstinée à ne pas être au courant, rentra, le cahier de service à la main. Très gênée, elle s'excusa : « Hier, pour cet incident du petit déjeuner, j'étais très énervée lorsque la stagiaire est venue me parler au sujet du traitement. » Je ne lui avais rien demandé. Elle se sentait obligée de me fournir quelques explications. Au cours de la journée, j'appris que cette infirmière avait agi de la sorte parce qu'elle n'avait pas été mise au courant par le professeur lui-même de ses intentions. Avoir chargé une maman de la prévenir était impardonnable vis-à-vis de la tradition hospitalière. Des représailles en quelque sorte. Mais, en guise de représailles, faire la politique de l'autruche et laisser un enfant sans surveillance toute une journée, toute une nuit, moi j'appelle cela : « non-assistance à personne en danger ».

Le matin, plus personne ne songeait à m'apporter un petit déjeuner. Depuis toujours, il m'était interdit de quitter la chambre. Pour me rendre aux toilettes ou pour téléphoner à papa, je devais revêtir une camisole blanche que je devais quitter lorsque je rentrais dans la chambre. Très consciencieusement, je m'y astreignais pour minimiser les risques de contamination extérieurs. Durant les autres séjours, mes repas m'étaient servis dans la chambre de Bruno. Parfois, j'étais oubliée à l'heure du déjeuner ou du dîner mais, lorsqu'une femme de service s'en apercevait, l'oubli était réparé. L'heure m'importait peu, et, si la nourriture n'était indispensable à la vie, je n'aurais jamais manifesté de réclamations à ce sujet. A plusieurs reprises, j'étais déjà restée plusieurs jours sans repas et je grignotais quelques-unes de mes provisions. Je savais que les consignes n'avaient pas été jusqu'à la cuisine. Cette fois, étant amenée à devoir surmonter des obstacles de plus en plus épuisants, j'étais décidée à ne plus me laisser faire. Depuis deux jours, je n'avais rien mangé ni rien bu. Croyant à un oubli complet, je fis appel, lors de son passage, à une femme de service. Elle n'en parut pas surprise. « C'est probablement la surveillante ; je vais me renseigner. »

Elle revint pour me dire : « La surveillante dit que vous devez monter au restaurant prendre vos repas. C'est au sixième étage. » Décidément, cette surveillante n'appréciait pas que je sois auprès de mon fils. De plus, elle le privait des quelques distractions prévues par la jardinière d'enfants du service, sous prétexte que j'étais là. Bruno ne pouvait pas téléphoner à son père. Pour moi, le choix était simple. Je n'allais pas aller me balader au sixième quand toute sortie m'était interdite. Je n'avais plus qu'à compter sur mes provisions. Je me demande comment une femme pareille pouvait être surveillante d'un service. L'hôpital n'est tout de même pas une maison de redressement.

Selon le personnel, un plateau m'était apporté ou non. Plusieurs employées se montraient carrément choquées par l'attitude de cette femme : « Elle vous en a toujours voulu de vouloir et de pouvoir rester auprès de votre fils, et, quand elle a ses têtes, elle est terrible ! » Le professeur X... ne venant que rarement dans le service, ignorait, je le pense et je l'espère, ces mesures prises envers nous. De même qu'il n'était jamais là pour entendre des réflexions du genre de celle que cette femme fit à Daniel : « Il n'est pas question que vous appeliez votre femme tous les jours pour avoir des nouvelles de votre fils. Les lignes sont suffisamment encombrées. » Mon mari avait préféré ne pas répondre et n'en continuait pas moins à m'appeler tous les jours.

Nous étions donc au quatrième jour de ce séjour. D'habitude, après le traitement, Bruno devait rester allongé au moins pendant quarante-huit heures. Pourtant, une élève-infirmière entra et, se dirigeant vers Bruno comme si je n'existais pas, lui dit : « Viens, nous allons voir un docteur dans un autre service. » Je fis part de mon étonnement à l'élève qui me répondit sèchement : « Personne ne m'a rien dit. Je ne suis pas au courant. Je sais seulement que je dois emmener votre fils en consultation dans un autre service. »

A quoi servaient donc les multiples précautions précédentes, cet isolement en milieu stérile, cette solitude imposée, si nous devions d'un seul coup nous promener librement au milieu des services ? Et pourquoi rompre avec cette rigoureuse recommandation de repos moins de vingt-quatre heures après le traitement ! Cette contradiction fit affluer à mon esprit de multiples faits identiques. Cette camisole que je devais revêtir pour aller aux toilettes ou téléphoner, personne d'autre ne l'utilisait. Chacun en possédait une accrochée dans la chambre et, si les équipes du début ne manquaient pas de les utiliser, désormais chacun entrait et sortait sans prendre de précaution.

Je ressentis une sérieuse envie d'en finir avec ce qui n'était plus qu'une vaste comédie. Une fois de plus, pourtant, je me pliai aux ordres. Bruno était tout heureux de pouvoir enfin quitter cette chambre pendant quelques instants. « Tu vois, maman, je suis bien et ça ne me fatigue pas de marcher. » Heureusement, je l'avais habillé chaudement sous sa robe de chambre.

Tandis que nous nous dirigions tous les trois vers l'ascenseur, la stagiaire, s'adressant à moi, me dit : « Je ne sais pas si vous pouvez l'accompagner, personne ne m'a rien dit. » « C'est très bien ainsi, lui répondis-je, j'entends bien conserver ce droit. »

L'ascenseur nous déposa dans l'un de ces souterrains sombres et glacials d'hôpitaux. J'aurais aimé que Bruno soit sur un fauteuil roulant pour lui éviter des efforts, mais l'élève avait déclaré : « Marcher te fera du bien. » Nous marchâmes durant dix minutes et Bruno allait bon train ; il était si content de montrer de quoi il était capable. Enfin, nous arrivâmes dans un grand hall, puis nous poursuivîmes la balade dans de longs couloirs où des malades de toutes sortes circulaient. Certains lui adressaient une parole gentille, un sourire attendri ; d'autres lui tendaient un bonbon ou un petit gâteau. Bruno ne pouvait rien accepter et remerciait poliment. Il y avait déjà assez de risques de microbes et il le savait bien. Et cette gentillesse, cette communication, représentaient beaucoup pour nous, isolés dans notre chambre stérile. Nous nous rendions compte que le sourire, l'amabilité, la générosité, existaient encore quelque part, et c'était bon de pouvoir y croire malgré tout.

L'élève nous installa dans une salle d'attente qui était remplie de malades venus consulter de divers services et même de l'extérieur. Où était notre milieu stérile où toute visite était interdite ?

J'étais paniquée. Je pris Bruno sur mes genoux et je le serrai très fort pour tenter de le protéger. Non, ce n'était pas possible ; je ne pouvais pas rester dans cette atmosphère malsaine. Je pris Bruno dans mes bras et l'emportai dans le couloir. Au bout de quelques minutes, je vis l'infirmière responsable du service et j'en profitai pour lui exposer notre cas. Elle ne put dissimuler son indignation : « Comment ! vous sortez d'un milieu stérile et vous avez été installés ici ?!... » Elle nous emmena alors dans une petite salle vide.

Et voilà comment on laisse des élèves faire des imprudences. Mais fallait-il manquer à ce point de jugement et d'initiative ?

J'en profitais pour réfléchir :

Certes, tout le monde n'est pas médecin. Mais il ne doit pas y avoir de coupure entre le monde médical et le monde tout court. La médecine a besoin de malades comme eux ont besoin d'elle.

La médecine n'est pas un monde supérieur et à part comme la tradition se borne à nous le montrer.

L'ignorance en matière médicale, la confiance aveugle dans les médecins, tout un conditionnement, ont installé le malade et sa famille dans une situation d'infériorité qui empêche tout dialogue entre médecin et malade. Le malade en même temps entretient et maintient cette position. Pourquoi tout accepter sous prétexte que nous avons besoin de soins ? Pourquoi, lorsqu'il est malade, l'homme cesse-t-il d'être cet être actif qui discute et dont on respecte les opinions ? La grande résignation du malade et de sa famille face aux médecins donne l'impression qu'ils renient leur propre personnalité, supportant n'importe quoi de n'importe qui.

Bruno, confiant, obéissait, soumis et sage. Comment aurait-il pu réagir autrement : il ne connaissait rien du mal. Mais moi, je connaissais la vie. Pourtant, l'éducation, l'information me manquaient, ajoutées tantôt à la confiance, tantôt à la peur, le tout m'empêchant de prendre efficacement sa défense. Quand on est un petit enfant malade, un vieillard sans force ou simplement un malade écrasé ou inconscient, comment se défendre ?

Je voudrais, en écrivant ces lignes, que les mamans des petits enfants malades se comportent tout autrement que moi ; en personnes averties !

Au bout d'une heure d'attente, tandis que se bousculaient ces pensées dans ma tête, quelle ne fut pas ma surprise d'entendre : « Venez, madame, votre petit garçon aura moins peur. » Quelqu'un avait donc enfin compris. Ce nouveau médecin inconnu examina Bruno avec beaucoup de douceur et de délicatesse. Ses assistantes étaient fort gentilles et nous n'avions plus l'habitude d'être ainsi traités. Comme j'aurais voulu que Bruno reste dans ce service, certes moins moderne que l'autre, mais qui nous réchauffait le cœur.

On fit des radios à Bruno et, pendant la consultation, je compris qu'il aurait fallu faire cette visite plus tôt. Le verdict fut vague. On envisageait de faire des rayons mais le service où nous étions serait prévenu.

Cette déclaration me glaça. Je savais quels ravages les rayons causaient. J'étais décidée à refuser. Quelque temps plus tard, j'appris qu'il n'était pas possible de pratiquer un traitement radioactif sur une moelle si appauvrie par le traitement. J'en fus presque soulagée.

Nous étions de nouveau dans la salle d'attente vide et nous devions attendre que la stagiaire vienne nous rechercher. Toujours cette envie furieuse de fuir.

C'était l'occasion : Bruno était bien couvert et que risquait-il de plus ? J'appellerais et nous irions chez nous. La stagiaire mit un terme rapide à mes folles pensées. Trop tard encore une fois.

Nous repassâmes par ces mêmes longs couloirs, le même souterrain glacial aux odeurs bizarres, et la stagiaire se mit à parler : « En tant qu'élèves, nous n'avons aucune initiative, nous ne pouvons qu'obéir aux ordres. » Cette élève n'était donc qu'un robot juste bon à s'occuper de mannequins. Ainsi le voulaient la formation reçue et l'inacceptable système hospitalier ajoutés à une acceptation inconditionnelle de la dépersonnalisation.

Vu sous cet angle réaliste, c'était révoltant et inadmissible. Ce qui était sûr, pour ma part, c'est qu'une fois le traitement terminé, nous ne reviendrions plus ici.

Bruno faisait à cinq ans et demi son dur apprentissage du mal : « Maman, ça existe vraiment les méchants ? Ce n'est peut-être pas de leur faute s'ils le sont. »

A notre retour, la perspective de changer de chambre était apparue. La surveillante s'étant absentée, les femmes de service avaient décidé de nous placer dans la chambre voisine, vide depuis le matin et, enfin, nous aurions le téléphone. Hélas, dans la nuit, d'autres femmes de service installèrent un tout petit enfant. Nos espoirs s'écroulaient une fois de plus.

Rien n'était fait pour que les médicaments soient pris facilement par un enfant. Le potassium, si absorbable en sirop, était remplacé par de grosses dragées que Bruno n'arrivait pas à avaler. A chaque fois, cela lui provoquait des nausées, alors on les écrasait et cela devenait un breuvage répugnant et infect ; et je dois avouer que c'est ma seule présence qui retenait certaines infirmières et stagiaires de ne pas le gronder lorsqu'il vomissait. Leur méthode consistait à pincer le nez brutalement pour que Bruno avale. C'était la même chose pour les antibiotiques. Les gélules pouvaient être remplacées par du sirop. J'en avais parlé à l'interne qui était d'accord : « Rien de plus facile ; il suffit que vous le demandiez, il y en a dans le service et il faut moins de temps pour administrer une cuillerée de sirop que pour écraser tant bien que mal une dragée. Quant à l'effet thérapeutique, c'est le même. »

Malgré cette logique, les infirmières s'obstinaient à lui apporter dragées et gélules mais, forte des propos de l'interne, je les refusais énergiquement et lui distribuais moi-même le reste de sirop dont je disposais dans ma valise. Ce n'est que plusieurs jours plus tard qu'on lui donnera du sirop.

26 février 1971 — suite

Le traitement pour le liquide céphalo-rachidien devait se poursuivre. Aujourd'hui, on devait faire la seconde infiltration lombaire. Le prélèvement de liquide céphalo-rachidien serait fait en même temps pour le contrôle. Bruno présenta encore une fois son dos. La ponction-infiltration étant faite, il se retrouvait à plat et, à voix basse, nous racontions des histoires. Pendant une heure environ, nous étions seuls, et ce moment était bien à nous.

Dans l'après-midi, le professeur X... vint nous annoncer les résultats de la ponction lombaire. C'était une grande victoire. La première infiltration avait détruit d'un seul coup les mauvaises cellules. « Il est rare d'éliminer ainsi toutes les cellules nuisibles d'un seul coup en une seule infiltration. C'est un grand, très grand succès. Vous verrez, votre petit va très bien s'en tirer... »

Cette menace qui pesait sur la partie la plus précieuse de Bruno, son cerveau, n'existait plus. La seconde infiltration ne pourrait que consolider l'effet de la première. Il n'y en aurait plus d'autres. Etait-ce la récompense de tant de souffrances ? Bruno exultait de joie. Son visage était tout illuminé. Comme papa va être heureux !

27/28 février 1971

Pas d'examen. Pas de soins. Quel délice après le déferlement précédent ! Bruno se levait et tenait bien sur ses jambes. Et mon mari venait ce week-end. Je pourrais enfin parler à quelqu'un, lui faire part de mes angoisses. Dans la salle de garde au milieu des internes, de la surveillante, ce n'était pas possible lorsque je téléphonais. Un pas discret dans le couloir, il s'arrête derrière notre porte, la poignée tourne doucement : « Hourra ! Papa est là », cria Bruno et il lui sauta au cou. Bruno ne craignait plus rien ni personne. Daniel sera lui aussi atterré, dépassé, en apprenant ce à quoi nous avions dû nous heurter durant cette semaine.

C'était si bon d'être ensemble. Bruno et moi lui racontions comment nous passions les heures sans soins. La jardinière d'enfants avait enseigné à Bruno quelques notions de flûte et les autres petits malades aimaient bien l'entendre jouer de l'accordéon ou de la flûte, ou de la guitare. « Quand je pourrai, j'aimerais apprendre le violon. » J'étais ravie d'avoir un garçon qui aimait tant la musique. Bruno réservait chaque fois à son père une nouvelle interprétation musicale. C'était son cadeau à lui.

Pour mes repas, j'avais coupé la poire en deux. Pendant les traitements, je restais près de Bruno attendant la bonne volonté d'une femme de service pour m'apporter quelque nourriture. Entre les traitements, je m'étais résignée à gagner le restaurant du sixième une fois par jour au moins. Un repas par jour consistant et normal me permettait de garder mon équilibre de santé déjà perturbé par tant d'angoisses. Je me rendais au restaurant aux heures creuses. Je confiais ma montre à Bruno et lui expliquais : « Lorsque la grande aiguille arrivera sur tel chiffre maman sera revenue. » Jamais il n'essaya de m'empêcher d'aller prendre mon repas et jamais il ne me reprocha d'avoir été trop longtemps absente. Aussi, je partais vite et revenais encore plus vite. A chacun de mes retours, j'avais une surprise, un joli dessin, une belle histoire.

Si par hasard il sentait que j'hésitais à le quitter pour aller manger, il redoublait de gaieté et de vigueur : « Maman, va manger sinon tu seras malade toi aussi, et je ne veux pas que tu souffres.

Je ne pourrais même pas te soigner comme à la maison. »

Le samedi était déjà passé, c'était l'heure de se séparer de papa. Mais il viendra dimanche.

Le dimanche, Bruno éveillé plus tôt que de coutume faisait sa toilette avec beaucoup d'empressement. Il voulait être prêt à l'accueillir. A huit heures, des pas résonnaient dans le couloir.

Le dimanche passa avec encore plus de rapidité que la veille. A peine avions-nous goûté à la joie d'être ensemble qu'il fallait se séparer de nouveau. Et Daniel disparaissait dans le couloir. Immobiles, au milieu de la chambre comme deux statues, nous guettions le claquement de la portière, puis le moteur dominait pendant quelques instants les bruits de la circulation, puis plus rien.

Quelques heures plus tard, un coup de téléphone nous faisait savoir qu'il était bien arrivé à la maison ; et c'était le silence avec l'extérieur.

1er mars 1971

Les analyses recommencèrent : prise de sang, ponction de moelle osseuse et, à ma grande stupéfaction, ponction-infiltration lombaire en dépit des précédents résultats. Pourquoi ? Je ne le saurais jamais. Bruno était tellement persuadé qu'il n'en aurait plus !

Aussi, en cachette, ne voulant pas lui ôter ses illusions, je recouvris la pancarte de soins accrochée au pied du lit d'une grande feuille blanche avec cette inscription : *NE PAS PARLER DE LA P.L. S.V.P. MERCI.* J'osais espérer que, lors de la visite, même si elle devait soulever l'ironie, ma recommandation serait respectée. J'obtins le résultat escompté.

Bruno se prêta comme d'habitude avec gentillesse et soumission aux examens sanguins et à la ponction de moelle. Pour lui, tout était terminé pour quelques jours. Alors, je lui annonçai, la rage au cœur, progressivement : « Pour que tu sois encore plus résistant, il faut qu'on te fasse une troisième infiltration lombaire. » Il me regarda intensément, pas une larme, pas une plainte, avec ce regard qui promettait de tout supporter puisqu'il le fallait...

Et nous attendions indéfiniment cette ponction. Nous nous étourdissions dans nos jeux pour tromper l'angoisse de l'attente.

Brusquement, le cliquetis glacial des aiguilles et des éprouvettes sur le plateau métallique... Bruno devint tout pâle, assis sur son lit, il était figé de peur. Il se balançait rapidement de tout son être en se mordant la lèvre inférieure.

On me demanda cette fois de sortir de la chambre. Bruno, petite forme décomposée, attendait sans une plainte les ordres des « blouses blanches ». Dans le couloir, les yeux rivés sur la pendule, je collai mon oreille contre la porte guettant chaque bruit. Je voulais tant lui apporter de l'aide. De temps à autre, un bruit métallique me laissait deviner le déroulement des opérations. Un cri strident, bref mais intense me transperça puis, ce fut le silence. Quelques bruits métalliques, puis, de nouveau le silence et la porte s'ouvrit. Impatiente de courir à son chevet et pleine d'appréhension, je laissai passer les « blouses blanches » qui repartaient sans mot dire, et je rentrai vite. Les yeux de Bruno rivés sur la porte rencontrèrent les miens. La teinte de son visage ne se différenciait plus de celle des draps et il n'était plus qu'une petite forme inerte au milieu de son lit. Je ne pouvais même pas l'embrasser et pourtant, n'y tenant plus, je lui pris la main et la couvris de baisers. Nous ne parlions pas mais nos regards se comprenaient.

2/3/4 mars 1971

Jamais nous n'étions restés aussi longtemps sans avoir à subir d'examens ou de traitements.

Un matin, une infirmière vint me demander si j'acceptais de le laisser aller à une consultation qui réunissait plusieurs médecins et le professeur X... Une fois de plus, j'étais surprise mais comme c'était une infirmière qualifiée qui me le demandait, je m'imaginai, sottement d'ailleurs, qu'une telle consultation amènerait peut-être de nouvelles perspectives pour le soigner mieux encore. « Ce ne sera pas long. Ce n'est pas loin, une stagiaire l'accompagnera avec plusieurs autres enfants, mais les parents ne sont pas admis. » Bruno ne semblait pas effrayé de partir seul. Au contraire, l'idée d'être avec d'autres enfants le réjouissait, lui qui était désespérément isolé. C'est avec le sourire qu'il partit avec sa pancarte sous le bras.

Quelques instants plus tard, il ouvrait la porte joyeusement : « Nous étions plusieurs enfants au milieu des « blouses blanches » dans une grande salle tellement poussiéreuse que le professeur X... lui-même époussetait les chaises avec un chiffon. Entre eux, ils n'étaient pas d'accord et, à la fin, ils nous ont dit de regagner nos chambres. »

Maintenant, je sais que ce jour-là au moins, Bruno fut épargné. Il devait s'agir en effet d'une consultation publique où médecins et étudiants exposent ouvertement devant le malade le cas avec ses symptômes, ses caractéristiques, son evolution, sa progression future. Il n'est fait grâce d'aucun détail, et le malade assiste à sa propre condamnation à mort si telle est la conclusion prévue pour son cas. « Interdit aux parents et à la famille. » Et pour cause. Qui accepterait de voir traités ainsi les siens ?

Ce matin-là, le soleil entrait à flots dans la chambre, et la terrasse était là, tout près de notre chambre. Nous n'avions qu'une porte à tirer pour jouir d'une illusion de liberté. Quitter cette ambiance médicamenteuse. L'interne consulté nous donna l'autorisation de sortir. En hâte, Bruno s'habilla chaudement et, prenant son gros ballon, il partit. La terrasse surplombait toute une vie active qui nous manquait tant : la rue, les quais, le fleuve. Après une bonne partie de ballon, nous retournâmes dans notre chambre. Elle nous sembla plus accueillante avec un petit air de chez-soi.

5 mars 1971

Journée d'examens de contrôle. Mais, cette fois-ci, pas de ponction lombaire. . D'habitude, la prise de sang était l'examen banal qui ne faisait peur qu'aux enfants bien portants. Mais, cette fois, ce fut une nouvelle infirmière qui la fit. Elle piquait, repiquait en vain, frôlant la veine sans réussir à s'y fixer. J'avais envie de prendre la seringue et de la faire moi-même. Au bout d'un long moment la prise de sang fut enfin terminée.

Si seulement, à l'époque, j'avais compris que, lorsqu'on ne crie pas, qu'on est docile, on devient le cobaye idéal sur qui on peut s'exercer, comme j'aurais incité Bruno à crier, à se débattre, il aurait ainsi conservé le privilège de bénéficier d'infirmières qualifiées, compétentes. Il ne faut plus que les étudiants puissent déclarer : « Sur les autres enfants on ne peut se faire la main, ils se débattent trop. »

On en était au dixième traitement. Ce fut hélas ! la même infirmière qui vint pour brancher la perfusion. Habituellement, c'était une simple question de minutes, mais, comme pour la prise de sang, elle le piquait, le repiquait, prolongeant indéfiniment une douleur devenue vive. N'arrivant pas à le piquer, l'infirmière fit appel à un étudiant en médecine. Le bras de Bruno était tout tuméfié et meurtri. Enfin, l'étudiant brancha la perfusion sur une veine du dos de la main. Mon mari arriva au moment où les dernières gouttes du médicament montaient dans les veines. Comme il venait d'avoir son traitement, Bruno ne pouvait pas gambader comme à l'ordinaire mais cela ne l'empêchait pas de jouer inlassablement avec son père.

Dimanche 7 mars 1971

Très scrupuleusement, mon mari revêtait la camisole. Heureusement, il était désormais autorisé à ne plus devoir supporter, des heures durant, le masque. Comment le souffle d'un père serait-il plus dangereux que celui des médecins, infirmières, stagiaires, femmes de ménage et autres inconnus, malades de toute sorte compris.

Ce dimanche, il faisait un temps splendide et nous avions l'autorisation de l'emmener sur la terrasse. « Tu vas voir, papa, comme je joue bien avec mon gros ballon. Je n'ai plus mal nulle part tu sais ! » Mon mari avait apporté l'appareil photo. Il fallait en profiter. Et clic clac. Pourtant, Bruno n'avait pas bonne mine. Il avait de grands cernes autour des yeux et son visage était tout tiré. Il n'arrivait plus à éclater de rire comme autrefois et il demeurait parfois songeur et triste mais, dès qu'il s'apercevait que nous le regardions, bien vite il riait comme pour nous rassurer.

Les heures passaient à toute vitesse et je ne pouvais pas m'empêcher de songer aux jours qui allaient venir. L'atmosphère du service et l'entourage n'étaient pas faits pour me remonter le moral. Et lorsque Daniel, pressé par l'heure tardive, dut enfiler son manteau, j'étais prête à éclater en sanglots. Encore une fois, notre unique soutien était parti. Il ne fallait pas se laisser gagner par l'abattement ; alors, vite, nous reprîmes nos jeux.

La nuit tomba et je n'arrivais pas à dormir : le chagrin d'être seule, l'appréhension du lendemain, le martèlement continuel des claquettes des infirmières juste au-dessus de nos têtes, le claquement des portes, les interpellations bruyantes d'une chambre à l'autre, les violents éclats de rire m'étaient insupportables dans cet univers de mort aux côtés de souffrances intolérables.

8/9/10 mars 1971

Comme après chaque traitement, Bruno était fatigué. Il fallait attendre.

Le matin, nous nous détendions à l'heure du ménage. Les femmes de service nous apportaient des nouvelles de l'extérieur, parlaient du temps, des programmes de télévision. Certaines chahutaient avec Bruno.

Ce soir-là, un grand incendie se déclara dans une usine de l'autre côté du fleuve. Des flammes rouge orangé embrasaient le ciel. Bruno n'en avait jamais vu et il écarquillait ses grands yeux. Il était inquiet : « Pourvu qu'il n'y ait plus personne dans l'usine. » Et, durant un long moment, nous suivîmes à la lueur du brasier l'intervention énergique des pompiers. C'était impressionnant et je craignis que son sommeil en soit perturbé. Heureusement, il n'en fut rien. Nous faisions des projets pour après la sortie de Bruno. L'interne nous avait donné l'adresse d'un élevage de faisans ; et il m'avait recommandé de l'y emmener, lui qui aimait tant la nature.

Jeudi 11 mars 1971

Depuis quatre jours, ni contrôle, ni soins. Cette fois pourtant, Bruno remontait difficilement la pente. Il avait une sale mine, pas d'appétit ; il était fatigué et sa transpiration était intense. La nuit, j'aurais aimé pouvoir le changer mais je n'avais pas de linge stérilisé. Il fallait se battre pour obtenir le minimum. Les uns oubliaient, les autres s'en allaient avant que la stérilisation soit terminée et le linge réservé à Bruno était distribué à quelqu'un d'autre. Cela me faisait mal au cœur de le voir contraint de garder sur lui un pyjama trempé comme s'il était tombé dans une bassine d'eau.

Ce jour-là, la jardinière d'enfants vint me demander la permission pour qu'une élève vienne passer ses épreuves pratiques avec Bruno. Pensant que cela pourrait être une distraction pour Bruno, j'acceptai. Quelques instants plus tard, l'élève s'installa près de l'enfant tandis que l'examinatrice restait sur le pas de la porte.

L'élève lui conta une histoire puis lui proposa un dessin sur la ferme. A lui d'imaginer les animaux qu'il allait disposer dans la cour. D'ordinaire, sa joie aurait été visible mais là, furtivement, il me lança un regard de lassitude. Il transpirait abondamment. Heureusement, l'inspectrice ayant eu le temps de juger l'élève, mit fin à la séance. J'étais très inquiète. Le soir, à l'heure de la visite, j'en parlai à l'externe. Il ne me répondit pas.

Vendredi 12 mars 1971

Le cycle des contrôles reprenait.

Bruno appréhendait sa prise de sang depuis le carnage de la dernière. J'essayais tant bien que mal de le rassurer mais, lorsqu'il vit que c'était la même infirmière qui l'avait couvert d'hématomes la dernière fois qui revenait, il devint tout pâle mais, toujours aussi soumis et courageux, il tendait son bras.

Bruno grimaçait sous la douleur. Elle n'avait guère fait de progrès depuis la dernière fois. Il y avait du sang partout, sur l'enfant, sur les draps, sauf dans la seringue. Au bout d'une demi-heure, je vis enfin le sang monter dans la seringue. Il était tout épais et je m'en étonnai auprès de l'infirmière qui ne me répondit pas.

Quelques instants après, une laborantine entrait dans la chambre avec son matériel d'éprouvettes et de seringues. Qu'allait-on lui faire encore ? Elle nous rassura tout de suite avec gentillesse : « Je ne te ferai qu'un prélèvement au bout du doigt. Ne crains rien. » Je lui fis part de mes constatations relatives à l'épaisseur du sang prélevé. « Ne vous inquiétez pas, regardez comme ici son sang est fluide. L'infirmière a peut-être piqué dans un vieil hématome et, en pareil cas, le sang se présente en caillot. Ce phénomène arrive aussi parfois chez des cardiaques mais ce n'est pas le cas puisque je n'ai rencontré aucune difficulté pour faire mon prélèvement. » Elle partit avec un joli dessin de Bruno qu'elle avait choisi.

La porte s'ouvrit sur cet externe « qui ne devait pourtant plus pratiquer de nouvelles ponctions de moelle » après son précédent échec si douloureux pour Bruno. Je tentai de rester auprès de Bruno, feignant d'avoir oublié que désormais ce droit m'était refusé mais l'ordre m'était donné de sortir : « Nous n'avons pas besoin de témoin. » Dans le couloir, je prêtais une oreille attentive. Les tintements métalliques. J'entendis un cri mais qui se prolongeait cette fois par des sanglots puis d'autres cris, et encore d'autres qui ne s'achevaient plus. C'était intenable. Mais que faire ? Faire irruption dans la chambre pouvait causer quelques maladresses supplémentaires. On me mettrait à la porte et Bruno n'en serait que plus paniqué. Je me mis à courir dans le couloir à la recherche de quelqu'un et je rencontrai la surveillante. Je lui exposai le cas et reçus cette réponse qui claqua comme une gifle : « Si vous ne voulez plus entendre crier votre enfant, partez. Mais partez donc ! » Je revins sans mot dire en courant. Pourquoi ? J'aurais pu me démener dans le couloir, c'était peine perdue !

La porte s'ouvrit et l'externe en sortit sans un mot, sans un regard, comme s'il ne s'était rien passé. Bruno, livide, grelottait sur son lit et arriva à me dire par monosyllabes : « L'externe n'arrivait pas à atteindre la moelle... il a dû piquer et repiquer plusieurs fois. J'ai eu mal, mais mal ! et ils veulent revenir piquer au sternum. » C'était la première fois qu'il avouait avoir eu très mal. De plus, il avait eu si peur !

J'étais fermement décidée à en parler au professeur X... Mais voilà, le professeur ne venait que bien rarement. « Oh ! maman, fais quelque chose, je t'en supplie ! »

Alors, je me décidai à lui écrire puisque, lors des visites, il n'était pas possible de parler en tête à tête. Bruno semblait rassuré. Puis je vis l'interne et lui racontai ce qui s'était passé. « Désormais, c'est moi-même qui ferai les ponctions de moelle osseuse. » Bruno avait retrouvé son sourire après cette promesse et la ponction fut pratiquée à la hanche sans difficulté en quelques minutes.

L'infirmière venant relever le tableau de soins dans l'après-midi qualifia de massacre les suites douloureuses de la dernière prise de sang. Et elle partit chercher une pommade destinée à adoucir ses énormes hématomes sur les bras. Tout en massant Bruno, elle hochait la tête comme si elle n'osait dire tout haut ce qu'elle pensait tout bas.

Qu'allait être la ponction lombaire ? Bruno n'eut guère le temps d'attendre. Une externe arrivait pour la faire. « Tout se passera bien, mon chéri, ensuite nous jouerons beaucoup. » Je ne savais plus quoi dire pour le réconforter. Puis, une fois de plus reléguée dans le couloir, j'imaginais la scène et je fermais les yeux. C'est alors qu'un cri déchirant me transperça. Cette fois, il ne s'arrêtait pas. Le temps de reprendre son souffle et il s'intensifiait encore et encore. Puis le cri se transforma en un râle et Bruno se remit à crier encore plus fort.

La porte de la chambre s'ouvrit brusquement et l'externe toute pâle partit en courant vers la salle de soins. Elle me cria : « Il faut encore recommencer » ; et elle rapporta une nouvelle aiguille et une nouvelle éprouvette. La porte se referma et Bruno criait toujours avec la même intensité. J'étais folle d'angoisse. Je courus vers la salle de garde dans l'espoir de trouver l'interne du service mais je tombai sur la surveillante :

« La ponction lombaire se passe mal, je voudrais voir l'interne.

— Il est parti déjeuner ; vous devrez l'attendre. Les externes font leur travail. »

J'aurais pu supplier à genoux cette femme que je n'aurais rien modifié de son attitude.

Ses cris continuaient toujours entrecoupés de hoquets et de gémissements méconnaissables. Une femme de service qui passait par là se boucha les oreilles : « Ce n'est pas Bruno qui hurle ainsi ? ! Mais que lui font-ils donc ? » Les cris perdaient de leur intensité, puis, brusquement, plus rien. Le silence pouvait tout laisser supposer. La porte s'ouvrit et l'externe me déclara : « Je n'ai pas réussi la ponction, nous reviendrons tout à l'heure. »

Je me précipitai dans la chambre pour trouver Bruno hagard qui me fixait avec une expression de terreur. Sa bouche se tordait et son corps était agité de soubresauts. Il transpirait à grosses gouttes et n'arrivait pas à parler. Je lui pris la main et, tout doucement, petit à petit, il se calma. Il était sans force et j'avais l'impression qu'il s'en allait. Puis, ses lèvres décolorées s'entrouvrirent, il murmura : « Ils m'ont piqué huit fois, ils vont revenir, maman, ils vont revenir... »

Sur le pas de la porte, je guettais l'interne, et lorsque je le vis, je laissai éclater mon extrême douleur, mon angoisse, mon indignation, ma colère : « Une heure de supplice pour rien ! » La ponction n'était toujours pas faite.

L'interne, d'abord surpris, m'écouta puis partit brusquement vers la salle de garde. J'entendis des éclats de voix violents qui firent dire au personnel alors présent : « Jamais on n'avait vu M. X... dans un tel état de colère. » L'interne réapparut et me déclara : « Désormais, si vous le désirez, plus personne ne touchera à votre fils ; je m'en occuperai moi-même et moi seul. »

« Bruno, n'aie pas peur, quand tu seras un peu reposé, je te ferai la ponction, tout seul, et tout se passera bien. »

Ce qui fut dit fut fait et, quelques heures plus tard, l'interne fit la ponction sans douleur et en une minute. « Vraiment, je ne m'attendais pas à cela », dit l'interne en voyant le dos de Bruno. Il était tout noir au niveau des ponctions, tout meurtri et les traces des huit ponctions bien visibles. Ensuite, il interrogea Bruno sur la manière dont cela s'était déroulé ; et quelle fut sa surprise d'apprendre qu'on avait essayé de pratiquer les ponctions à plat ventre et dans d'autres positions tout autant insolites, contre-indiquées, dangereuses !

Bruno devait rester allongé durant une heure et ensuite nous irions sur la terrasse. Il se réjouissait de changer d'air, de cadre, pour oublier un peu ce qu'il avait subi. Mais lorsqu'il voulut se lever et descendre de son lit, une grimace lui parcourut le visage et il demeura figé sur place, incapable de se redresser. Il avait très mal aux reins, au niveau de ses ponctions.

Je voulus sonner pour appeler une infirmière. La sonnette avait disparu. On l'avait enlevée. Je ne pouvais pas le laisser ainsi tout seul pour aller demander de l'aide. Avec d'infinies précautions, je l'aidai à regagner son lit et je sortis sur le pas de la porte. Là, je demandai à une infirmière qui passait de prévenir l'interne. Les heures s'écoulèrent à attendre en vain. Personne ne parut.

Bruno gardait toujours l'envie d'aller sur la terrasse. Il décida de renouveler ses efforts. Cela allait un peu mieux. Mi-souriant, mi-inquiet, il fit un pas, un second, puis me lança avec un visage triomphant : « Maman, je n'ai presque plus mal. C'est chic, je peux marcher comme avant. »

Sur la terrasse, nous regardions les allées et venues dans la rue avec des yeux d'envie. C'était l'heure de sortie d'une partie du personnel et Mme F..., une femme de service, s'en allait. Bruno se mit à lui crier : « Au revoir ! » Elle leva les yeux et lui fit de grands signes amicaux. Lundi, quand elle reviendra, Bruno ne sera plus là pour lui chiper son stylo-bille, lui demander les dernières nouvelles et l'aider au ménage.

Cependant, très vite, Bruno me demanda de rentrer. Rester debout le fatiguait. Il s'assit dans son lit puis s'allongea en me disant : « J'ai vraiment besoin de me reposer un peu. »

Puis la douleur au niveau des reins réapparut de plus belle. Il était tout recroquevillé dans son lit. Au bout d'une heure, la douleur devint moins aiguë.

Le soir, Bruno eut du mal à s'endormir. Il n'était plus question de détourner son attention par quelques plaisanteries. Il restait sombre et triste.

Dehors, en ce vendredi soir, il y avait une tempête terrible. Et dans mon esprit, c'était aussi la tempête. Les pensées les plus folles m'assiégeaient. Toutes mes valeurs s'écroulaient. A quoi bon vivre ? J'étais perdue et ne savais pas à quoi me raccrocher.

Je ne pouvais plus supporter de voir Bruno souffrir ainsi sous mes yeux. Si Dieu existe, c'est un monstre qui laisse ainsi mourir un enfant. La vie n'était qu'une loterie : heureux ou malheureux. J'étais acculée : ou je continuais à laisser massacrer Bruno sous prétexte de le guérir, ou je le laissais mourir sans soins. Mais je n'avais pas le droit de l'abandonner à une lutte inégale qui le conduirait à une mort certaine, lui qui ne négligeait rien dans sa lutte contre le mal.

Seule, la porte-fenêtre et ses vingt mètres de surplomb me paraissaient une issue. Mais les quelques secondes pendant lesquelles Bruno se rendrait compte, le regard de Bruno ne comprenant pas, lui qui avait confiance en moi, me firent retrouver le contrôle de moi-même. Je n'avais rien sous la main. Pas de drogue mortelle qui aurait pu nous faire partir tous les deux.

Bruno se réveilla. Combien de temps avait duré ce cauchemar ? La douleur reprenait. Et cette fois, elle se prolongeait dans la tête, dans les jambes, avec une intensité accrue. Cette fois, Bruno était affolé. Je courus jusqu'à la salle de soins pour demander de l'aide. Froidement, l'infirmière me répondit :

« Que voulez-vous y faire ? Ce n'est pas à moi d'en décider.

— Mais appelez l'interne de garde.

— On ne peut pas déranger l'interne de garde à tout propos.

— Mais vous n'allez tout de même pas laisser mon fils souffrir ainsi toute la nuit sans lui donner un calmant. Il ne se plaint jamais quand il n'a pas de raisons valables. Ce n'est pas un enfant douillet.

— Il faut attendre, nous verrons. »

Découragée, je revins vers Bruno, les mains vides. Le malade n'était qu'un gêneur dont on aurait aimé se débarrasser. Bruno se tordait de douleur et ses grands yeux effrayés m'interrogeaient : « Maman, est-ce que ce sera long ? Pourquoi personne ne vient me voir et me donner de médicament pour ne plus souffrir ? »

Si seulement nous avions été à la maison ! Le docteur appelé serait déjà là à le soulager. Et si seulement nous avions le téléphone pour appeler au secours quelqu'un de la famille.

A la moindre accalmie, Bruno me chuchotait : « J'ai moins mal, crois-tu que ça va revenir ? », comme s'il avait voulu me rassurer. J'essayais de le calmer : « Ça va bien finir par se passer. » Mais il avait de moins en moins de répit et, à chaque reprise, la douleur était plus violente.

Je retournai à la salle de garde trouver l'infirmière.

« Il faut absolument appeler l'interne de garde. Ça ne va pas du tout.

— Bon, je lui téléphone. »

En hâte, je retournai voir Bruno et lui dis : « Chéri, l'interne va venir ; il te donnera quelque chose pour te soulager. » Et dire que j'y croyais encore !

Un long moment plus tard, l'infirmière poussa la porte, seule, un verre à la main : « Tenez, voilà un peu d'aspirine », et, avant même que j'aie pu réaliser, elle était repartie.

Rien que de l'aspirine ! Personne pour identifier, examiner, trouver l'origine de telles douleurs et à la fois les moyens de les combattre !

La douleur devenait intenable, et le lit de Bruno n'était plus qu'un champ de bataille. Il se tordait dans tous les sens, se débattait, s'accrochait aux draps désespérément, et il serrait les mâchoires pour ne pas hurler.

Une fois de plus, j'allai à la salle de

garde et prévins l'infirmière que l'aspirine n'avait rien fait.

« Bon, l'interne m'a dit de faire une piqûre si les douleurs persistaient.

— Mais, qu'attendez-vous ? Il souffre le martyre. »

La piqûre fut faite. Il fallait encore attendre qu'elle produise son effet. Au bout d'une heure, il n'y avait aucune amélioration. Il souffrait toujours et de plus belle. Je retournai encore chez l'infirmière et lui demandai de voir le médecin de garde. « Attendez encore ; l'effet de la piqûre est tardif. »

C'était clair, le médecin de garde ne viendrait pas. Toute la nuit, j'aurai imploré en vain pour consulter le médecin de garde. L'infirmière avait refusé. Quand s'est-elle enfin décidée à lui téléphoner ? Comment a-t-elle présenté le cas de Bruno ? C'est un mystère. L'interne me dira plus tard : « Mais pourquoi ne m'avez-vous pas prévenu tout de suite quand vous avez vu votre fils pris de telles douleurs, je serais venu immédiatement. Je ne savais pas que c'était à ce point. On ne me l'a pas dit. » Lequel des deux mentait ?

Bruno souffrait toujours autant. L'infirmière revint faire une seconde piqûre. Il fallait encore attendre. Bruno se débattait, ruisselait de sueur et se rendait hélas ! parfaitement compte que plus personne ne voulait le soigner.

« Oh ! maman, si tu savais comme j'ai mal ! Je me retiens de crier. J'ai si mal ! Emmène-moi, maman. Partons d'ici. Tu vois bien qu'ils ne veulent plus me soigner. Ils ne me prennent pas au sérieux. Je suis trop petit. Emmène-moi maman, emmène-moi d'ici, emmène-moi à la maison ! Un docteur me soignera. »

Bruno, comme tu avais raison. Pourquoi ne l'ai-je pas fait ?

La seconde injection ne fit pas plus d'effet que la première. Il faisait jour. Toute la nuit, Bruno s'était tordu de douleur et personne ne s'en était seulement inquiété.

J'attendis avec impatience la visite. Je pensais qu'ayant appelé l'interne toute la nuit, la visite commencerait peut-être par Bruno. Décidément, je me faisais des illusions.

C'est tout à fait nonchalamment que les « blouses blanches », discutant de tout autre chose que de médecine, envahirent la chambre :

« Alors, tout va bien ? »

J'éclatai : « Enfin, depuis le temps que j'attends un médecin ! Toute la nuit, Bruno a souffert... » C'était peine perdue. On ne m'écoutait guère. Seulement, je persistai : « C'est depuis sa dernière ponction qu'il souffre ainsi. »

Le professeur X... déclara alors spontanément à l'assemblée qui guettait ses paroles : « Sans doute une ponction lombaire mal faite, Messieurs, le liquide se sera répandu à côté provoquant des brûlures. »

Bruno, tout recroquevillé dans son lit, ne bougeait plus, ne criait plus. Il était à bout de forces.

La visite prit fin. Sans plus.

Quelques instants plus tard, une infirmière vint faire une troisième piqûre calmante. Pourquoi poursuivre un traitement inutile ?

Samedi 13 mars 1971

Papa allait enfin arriver. Hier soir, par téléphone, je l'avais déjà prévenu que ça n'allait pas du tout.

La porte s'ouvrit. Hélas ! ce n'était pas lui mais une élève-infirmière qui venait chercher Bruno pour le descendre à la radio. Bruno, qui avait enfin trouvé une position dans laquelle il ne souffrait pas, était épuisé. Il supplia : « Ne me touchez pas, j'ai si mal. »

L'élève était très douce et, avec d'infinies précautions, elle l'emporta dans ses bras et l'installa sur un chariot. Cette fois, je l'accompagnai à la salle de radio. Une femme au visage maternel nous accueillit : « Entrez, madame, votre petit garçon aura moins peur. »

Lorsqu'il fallut le déshabiller, Bruno grimaça de douleur. La femme l'installa avec précaution sur la table de radio. Elle le retournait tout doucement en prenant son temps. De temps en temps, Bruno me lançait : « Ça va, maman, ça va. »

Les radios étaient terminées ; nous regagnâmes la chambre.

Quelques instants plus tard, mon mari arrivait. Mais son petit garçon n'était pas caché derrière la porte comme les fois précédentes.

Bruno était si heureux, rassuré d'être enfin entre papa et maman.

Cependant, la nuit approchait et je sentais que Bruno était angoissé à l'idée de repasser une nuit comme celle qu'il avait eue. Cette fois, j'aurais bien inventé n'importe quoi pour que mon mari puisse rester.

A peine Daniel avait-il quitté la chambre que Bruno me déclara : « Maman, j'ai mal ; il faut vite demander un calman... » Tout recommençait. Je retrouvais en plus la même infirmière que la veille qui me répondit : « C'est inutile de chercher à déranger le médecin de garde, il ne fera rien de plus. Nous lui avons fait les piqûres qu'il fallait. A présent, il doit dormir ! »

Dormir, dormir, c'est facile à dire quand on ne souffre pas ; et Bruno souffrait de plus en plus. Il n'arrivait plus à retenir ses cris et il me suppliait de faire quelque chose pour lui. De plus, moralement, il était désespéré. Brutalement, il s'apercevait que le mal existait. Qu'il ne fallait pas toujours faire confiance aux adultes. Tout s'écroulait. L'univers dans lequel il était enfermé depuis trois mois avait anéanti d'un seul coup son monde enfantin. Il n'avait pas vécu suffisamment pour découvrir toutes les beautés de la vie mais assez pour en connaître les horreurs.

Bruno n'en pouvait plus de souffrir, d'appeler au secours. Ecrasé physiquement et psychologiquement, il était tout recroquevillé dans son lit. Je sentais ses forces décliner. De temps en temps, lorsque la douleur diminuait, il s'assoupissait et j'en étais à espérer qu'il s'endormirait sans trop souffrir définitivement.

Mais la douleur reprenait. De temps à autre, il entrouvrait la bouche et prononçait quelques paroles : « Maman, je voudrais tant pouvoir m'allonger près de toi. »

J'étais au supplice, ne pouvant même pas lui accorder cette joie. Que dirait-on si quelqu'un entrait ? Je n'avais pas le droit de l'embrasser, de le serrer dans mes bras. Il s'assoupit pendant vingt minutes. Puis il se réveilla en hurlant, il se débattait comme un malheureux prisonnier cherchant désespérément à s'enfuir. Je tentai une nouvelle intervention auprès de l'infirmière que je dérangeai visiblement. Elle était assise dans la salle de garde, plongée dans un roman. J'étais impuissante et révoltée. J'aurais dû moi-même prendre le téléphone et appeler l'interne. A présent, je vois dans mon silence et ma tolérance le résultat d'une éducation qui ne m'a pas permis de devenir adulte, capable d'agir, d'avoir confiance en moi-même, de pouvoir m'exprimer avec fermeté et d'être écoutée des autres. Ce boulet pèsera lourd sur la mort de mon fils.

Que me fallait-il de plus pour que ma colère, mon indignation et ma douleur extrême éclatent ?

Dimanche 14 mars 1971

Dans la même solitude, nous étions arrivés au petit matin. Encore quelques heures et mon mari serait là.

Lorsqu'il arriva, en quelques instants, il devina la situation. Bruno ne parvenait même pas à sourire. Le pavillon résonnait de ses cris. Profitant de ce que mon mari était là, je descendis téléphoner au professeur X..., à son domicile privé. Je tombai sur sa femme qui m'assura qu'elle ferait tout pour le joindre. C'était jour d'élections dans la ville et il était absent.

Moins d'une heure après, le professeur était là, assisté de plusieurs de ces « blouses blanches » qui ne s'étaient pas inquiétées de Bruno. Il n'était pas question de parler cette fois-ci en tête à tête au professeur. La situation se révélait à leurs yeux soudainement irrémédiable.

Sans le moindre ménagement, les pires symptômes furent étalés à haute voix devant Bruno qui entendait et comprenait tout entre ses cris, qui attendait du secours et non une condamnation à mort. Mon mari et moi restions muets de stupéfaction et d'horreur.

Ah oui ! ils étaient enfin venus, mais seulement pour prononcer un verdict de mort ! C'était tout. Personne ne se souciait de ses grands yeux qui les suppliaient. Sans un regard, les « blouses blanches » sortirent de la pièce. Le professeur nous fit signe de le suivre dans le couloir. Mon mari resta près de Bruno et je sortis. Les cris de Bruno avaient attiré la surveillante générale qui partagea avec empressement la déclaration du professeur : « Une amélioration est encore possible mais il faut de toute urgence le soulager. »

Il prescrivit plusieurs calmants et un tonicardiaque. Plus personne ne parlait de cette ponction mal faite. Coïncidence. Par contre, les résultats de la dernière ponction de moelle m'étaient alors soudainement révélés comme étant désastreux. Aussi mauvais que lorsque nous étions arrivés au mois d'août.

Les prescriptions d'urgence du professeur ne devaient pourtant pas être respectées, pas plus que l'ordre de renouvellement « immédiat » de médicaments. De longues heures plus tard seulement, le « dernier » suppositoire calmant du service — calmant impérativement prescrit — nous fut accordé comme un très grand privilège.

Comme des robots affolés, nous prévenions la famille. « Bruno va très mal. » « Il ne faut plus perdre de temps pour venir enfin le voir. » Plus aucune interdiction ne comptait. De partout, les visites étaient annoncées.

A cette nouvelle, le visage de Bruno s'illuminait. L'unique calmant consenti enfin commençait à agir. Il avait fallu l'attendre de longues heures ! Bruno se sentait mieux et ce bienfait se traduisit par une violente envie de café au lait. Une femme de service, compréhensive, le lui apporta bientôt. Bruno tendait ses bras, mais il était épuisé. Il fallut le caler entre ses oreillers et lui tenir le bol.

A peine avait-il bu une gorgée qu'une stagiaire entra et lui fit boire un grand verre de plâtrage d'estomac routinier, sans se préoccuper du changement de situation. De violentes nausées avec vomissements firent place à l'envie de boire un café au lait tant désiré. Tout était gâché.

Ensuite, on vint lui faire une transfusion. Cette fois-ci, pas de problème. Elle fut installée en un rien de temps par une main experte.

Nous espérions que la transfusion remonterait vite Bruno et que nous pourrions partir le lendemain à la maison.

La famille commençait à arriver. Bruno était tellement content de voir qu'il était aimé et qu'on ne l'avait pas oublié. Yann et Jacques allaient bien. Cathy était toujours chez sa tante.

Avec impatience, Bruno regardait le flacon de sang qui n'en finissait pas de se vider. « Je voudrais tellement aller sur tes genoux ! » Après tout ce qu'il avait enduré, Bruno avait tellement besoin de réconfort et d'amour !

L'infirmière sollicitée lui permit ce dernier bonheur. Je le revois blotti contre mon mari ; il n'était pas à l'aise, il était si fatigué. Un instant, je surpris ses grands yeux me fixer avec une infinie tristesse ; sans doute aurait-il aimé que je le prenne aussi dans mes bras mais une peur panique m'en empêcha, une peur que je ne comprendrai jamais, une peur odieuse qui m'interdit de le serrer une dernière fois dans mes bras. Nous racontions des histoires. Puis, progressivement, le silence gagna la chambre. Bruno pourrait s'endormir parmi les siens.

Mais l'interne que nous demandions

depuis quarante-huit heures pénétra dans la pièce et nous déclara sans ménagement : « Qu'est-ce que c'est que tout ce monde ici. Vous devez sortir de la pièce. Tout ce monde ne doit pas rester ici ! »

Chacun fut stupéfait mais se soumit. Et c'est les larmes aux yeux que tous embrassèrent Bruno et partirent. Mon mari heureusement refusa énergiquement de s'en aller. Après quelques instants de paix, de chaleur humaine, nous nous retrouvions tous les trois. Soudain, je m'aperçus que Bruno était couvert de cloques semblables à celles de la varicelle.

L'heure de la visite approchait. Je le signalai à l'interne qui jeta un rapide coup d'œil sur les boutons : « On dirait bien une varicelle, en effet », et il tourna les talons. Les recommandations du médecin de ville résonnaient dans ma tête : « Surtout, en cas de varicelle, prévenez-moi immédiatement là où je serai, c'est très important. »

Etait-ce parce qu'il ne fallait pas faire ressortir le fait que cette varicelle avait été attrapée à l'hôpital ? Toujours est-il qu'on ne fit rien. Cette fatigue depuis huit jours qui n'avait inquiétée que moi correspondait bien à la période d'incubation.

Physiquement, il semblait moins souffrir mais il était très agité et respirait avec difficulté. Son ventre était ballonné et dur, et il avait très soif. Mon mari, en hâte, courut chercher une bouteille d'orangeade.

Comme l'enfant devenait très gêné par son abdomen, je le signalai à une infirmière qui vint lui installer une sonde rectale qui le blessera jusqu'au sang avant d'être jugée inutile et retirée.

Avec sa perfusion posée sur le dos du pied, faute d'avoir réussi sur les autres veines dont l'excellente résistance était reconnue des praticiens, mais meurtries à outrance, sa transfusion posée à un bras, sa veste de pyjama enfilée devant derrière, Bruno offrait un spectacle pitoyable.

Bientôt, un filet de sang apparut à la commissure gauche de ses lèvres. Nous étions affolés. Je courus le signaler à l'infirmière. D'un pas nonchalant, elle me suivit sans empressement dans la chambre, jeta un coup d'œil et déclara dans le plus grand calme : « Sans doute s'est-il mordu la lèvre. Ce n'est rien. » Fallait-il que nous soyons naïfs, perturbés, pris de court, pour croire de tels propos !

Au bout de quelque temps, le filet de sang que nous épongions au fur et à mesure cessa. Mais, subitement, Bruno devint très agité. Comme sous l'impulsion de quelque panique intérieure. Lui, auparavant sans force, s'asseyait seul et il regardait au loin comme si nous n'existions plus. Il prononçait des paroles incompréhensibles. Mon mari et moi feignions de garder tout notre calme pour lui parler doucement, essayer de lui faire sentir qu'il n'était pas seul. Ses paroles se firent plus distinctes et mon mari le premier distinguera : « Le poussin veut s'asseoir, le poussin veut s'asseoir... Le poussin veut s'asseoir ! » Il répétait cette phrase avec chaque fois plus de force, puis il retombait sur ses oreillers.

A la maison, nous l'appelions ainsi depuis qu'il était tout petit. Mon mari, avec précaution, l'aida à s'asseoir et son agitation se calma un peu et, comme s'il émergeait soudain de quelque cauchemar, il nous regardait l'un après l'autre en hochant la tête avec un si pauvre sourire : « Dans quel état je suis ! » On vint alors lui installer une perfusion avec les calmants prévus en tout dernier ressort qui risquaient de lui ôter sa lucidité mais le laisser agoniser ainsi serait pire.

Puis son visage se crispa, son regard était terrorisé. Il recroquevillait ses jambes qui repartaient aussitôt dans une détente terrible. Il se dressait sur son lit puis retombait en roulant, entraînant les perfusions que nous n'arrivions pas à maintenir. L'aiguille de la perfusion sauta du pied. Il se roulait dessus et s'emmêlait les jambes dans la tubulure. En quelques secondes, ses cris étaient devenus effroyables. Ils n'avaient plus rien d'humain. Entre deux inspirations, il hurlait : « ... Un calmant... vite... Une piqûre... » et ses cris reprenaient.

J'allai chercher l'infirmière. Elle me suivit dans la chambre ; son seul geste fut de récupérer l'aiguille de perfusion et de chercher à la repiquer de nouveau.

Cette fois, c'en était trop. D'un seul coup, mon mari et moi nous avons crié : « Laissez-le ! mais laissez-le donc ! Vous ne voyez pas comment il est. Vous n'allez pas le martyriser davantage ! »

L'infirmière rangea tranquillement son matériel de perfusion et sortit de la chambre.

Bruno continuait de souffrir sans répit. Pitié ! Que tout cela finisse vite ! Il ne pouvait pas continuer à souffrir et à hurler ainsi. C'était à devenir fou !

Brusquement, tout son petit corps meurtri au niveau des reins, des bras, du pied, se dressa dans un dernier sursaut. Ses deux bras que nous avions lâchés sous la brutalité de la détente se retournaient de douleur. Il était méconnaissable sous la souffrance. Il n'en pouvait plus. Il hoquetait, et mon mari et moi lui crions : « N'aie pas peur, chéri, tu n'auras plus mal, plus jamais. C'est fini. Petit Jésus vient te chercher. Il vient, il est là !! » Ces derniers mots, nous les avons hurlés. Nous voulions le rassurer une dernière fois et nous rassurer aussi, tenter d'y croire à ces paroles.

Puis, ce fut le silence. Un silence dont on devrait mourir. Il ne se passait plus rien. Lui, notre petit Bruno chéri, notre si grand fils, notre amour de petit garçon, son petit visage enfoui dans l'oreiller comme pour nous dissimuler, nous épargner cette hallucinante vision, n'était plus là. Et nous restions seuls...

Ceux qui n'ont pas vécu de telles heures d'agonie comprendront avec peine notre première réaction, à mon mari et à moi. Bruno lui, pouvait tout comprendre. Oui, nous nous regardâmes et échangeâmes un sourire. Bruno ne souffrait plus. Plus personne ne viendrait le faire souffrir ; et il était désormais à l'abri de l'indifférence, de la maladresse, de la cruauté des hommes.

Puis, nous nous sommes jetés dans les bras l'un de l'autre, Daniel et moi et, près de Bruno, nous avons échangé de nouveaux serments. Désormais, il faudra nous aimer encore davantage ; nous aurions tant besoin l'un de l'autre.

Puis, ce fut le vide. Daniel, déchiré, tourna doucement en tremblant la petite tête encore toute chaude, au visage de crucifié, vers nous. Nous cherchions son regard, son sourire, nous attendions qu'il tende ses bras vers nous : rien. Inerte, sur son lit transformé en champ de bataille, son visage commençait à se détendre. Progressivement, ce masque de supplicié disparaissait.

J'ouvris notre porte et nous annonçâmes que Bruno était mort. Alors, l'interne qui ne s'était pas dérangé pendant quarante-huit heures pénétra quelques secondes plus tard pour déclarer avec froideur : « Bon, eh bien ! vous pouvez partir maintenant. » Ce fut la dernière toilette de Bruno. Cette toilette que je fus incapable de faire moi-même. Bruno était habillé. Il nous restait les valises à boucler. L'interne réapparut dans la chambre et nous déclara : « Si vous êtes prêts, vous pouvez partir. Vous pouvez aller vous asseoir dans la chambre voisine en attendant. » Nous lui demandions :

« Mais pourquoi dans la chambre voisine ?

— Mais parce que vous pouvez partir et, de toute façon, il n'est pas question d'emmener votre enfant avec vous. Il nous appartient pour l'Ecole de médecine. » L'impitoyable infirmière de ces deux nuits d'épouvante renchérit alors :

« D'ailleurs, vous avez donné vous-même votre accord puisque vous avez signé. »

Le choc fut si violent que je crus que j'allais en mourir. Jamais je n'avais signé pareil accord, ignorant tout de l'éventualité de son existence.

Fallait-il, après tout ce que nous avions subi, perdre jusqu'au droit d'emmener Bruno avec nous ?

L'interne reprit : « Les règlements sont ainsi. Vous n'y pouvez rien. Vous aurez beau dire ou faire, il n'est pas possible d'emmener un corps hors de l'hôpital. »

Pendant la nuit, même le droit de veiller décemment, normalement Bruno nous était refusé. Nous avons dû garder farouchement la porte de la chambre. Toute la nuit, à bout de nerfs, nous nous relayâmes pour rester assis en travers de la porte pour garder la chambre, en interdire l'accès.

Au matin, lorsque le personnel de jour commença à défiler, la surveillante nous ordonna de rester enfermés dans la chambre. Il ne fallait surtout pas que quelqu'un surprenne les sanglots d'une mère désespérée mais lucide et apprenne ce qui s'était passé en quarante-huit heures de week-end.

Bientôt, l'interne que Bruno aimait tant signa enfin l'autorisation d'emmener notre enfant tandis que Daniel entendait l'impitoyable surveillante lui tenir des propos ahurissants : « Nous avons pourtant tout fait pour détacher cette femme de son enfant. » Mais il fallait encore laisser le corps à la morgue pendant au moins vingt-quatre heures ; et nous ne pourrions le ramener que sous cercueil plombé. Plus personne ne pourrait donc le revoir.

Une employée surnommée par Bruno « Dame Tartine » parce qu'elle distribuait le pain vint chercher Bruno sur un grand chariot et nous emmena à la morgue à travers d'immenses couloirs glacials.

Un homme nous reçut avec une extrême délicatesse : « Vous pouvez rester auprès de votre fils autant que vous le désirez mais la nuit nous fermons, vous ne pourrez pas rester. Nous mettrons votre enfant dans une chambre froide et, lorsque vous viendrez, vous pourrez le veiller dans l'une de ces petites cellules. »

Bruno avait retrouvé son sourire. Pourtant, il nous fallait le laisser là pour aller régler les dernières formalités.

Dans le hall, cet interne que nous aimions tant nous regardait avec pitié et essayait en vain de nous consoler. Je n'avais plus qu'un espoir au fond de moi, suivre rapidement mon fils...

Tandis que nous nous dirigions vers la morgue, les couloirs s'étaient étrangement vidés devant nous. Infirmiers et médecins disparaissaient devant nous dans les chambres, comme par enchantement.

ACHEVÉ D'IMPRIMER LE 17 FÉVRIER 1982
SUR LES PRESSES DE L'IMPRIMERIE HÉRISSEY
POUR LE COMPTE DE FRANCE LOISIRS
123, BOULEVARD DE GRENELLE PARIS.

Dépôt légal : 1er trimestre 1982
N° d'éditeur : 6664 — N° d'imprimeur : 29530
Imprimé en France